8° Z
LE SENNE
8678

CAMPAGNE
DE PARIS,
EN 1814.

Tout exemplaire, qui ne sera pas revêtu de ma signature, sera réputé contrefait.

Imprimerie de MAUGERET, Libraire, rue du faub. Saint-Martin, n° 38.

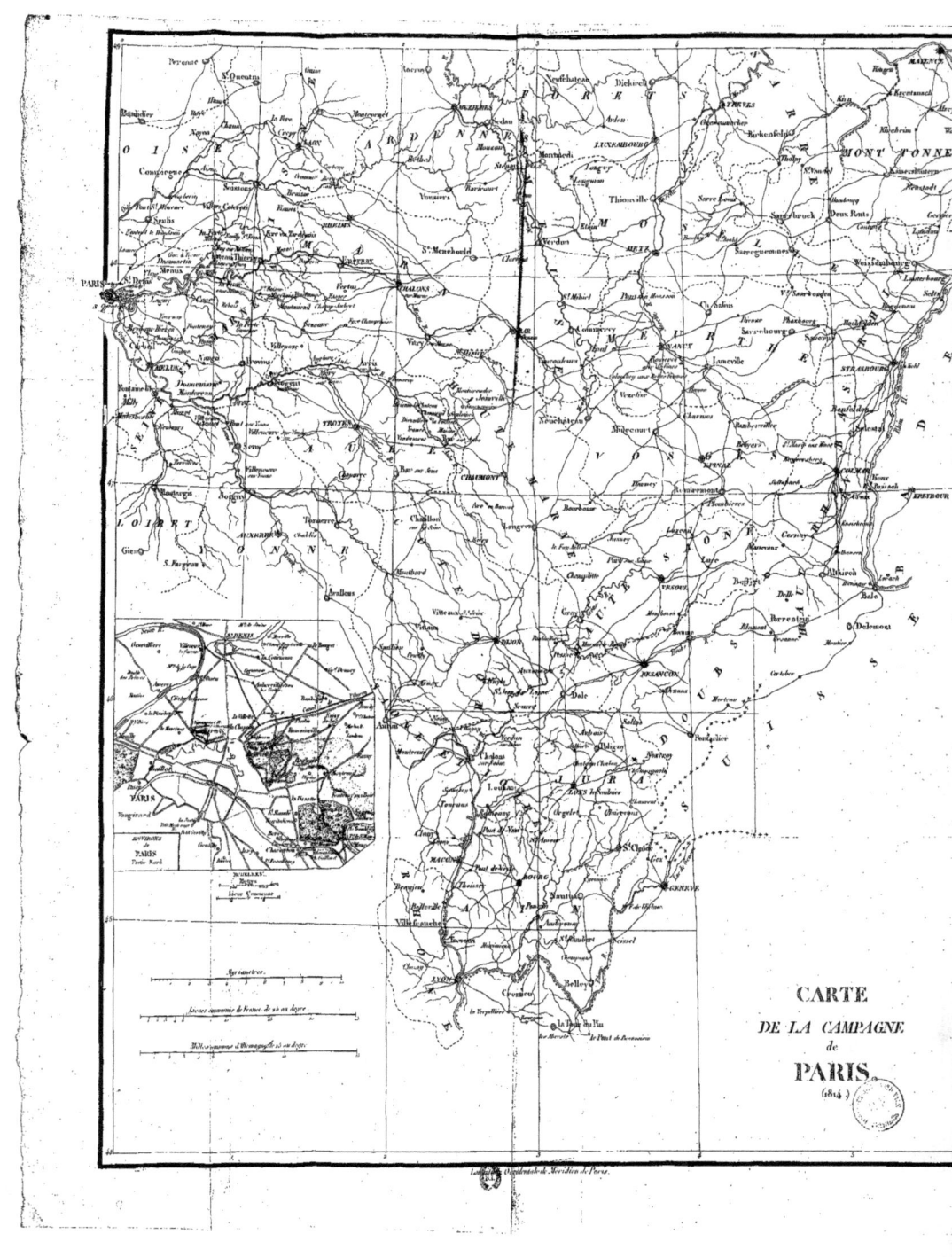

CAMPAGNE DE PARIS,

EN 1814,

PRÉCÉDÉE D'UN COUP-D'OEIL SUR CELLE DE 1813,

OU

PRÉCIS HISTORIQUE ET IMPARTIAL DES ÉVÉNEMENS, DEPUIS L'INVASION DE LA FRANCE, PAR LES ARMÉES ÉTRANGÈRES, JUSQUES A LA CAPITULATION DE PARIS, LA DÉCHÉANCE ET L'ABDICATION DE BUONAPARTE, INCLUSIVEMENT; SUIVIE DE L'EXPOSÉ DE PRINCIPAUX TRAITS DE SON CARACTÈRE, ET DES CAUSES DE SON ÉLÉVATION; RÉDIGÉE SUR DES DOCUMENS AUTHENTIQUES, ET D'APRÈS LES RENSEIGNEMENS RECUEILLIS DE PLUSIEURS TÉMOINS;

ACCOMPAGNÉE D'UNE CARTE POUR L'INTELLIGENCE DES MOUVEMENS DES ARMÉES, DRESSÉE ET GRAVÉE AVEC SOIN;

PAR P.-F.-F.-J. GIRAUD.

SECONDE ÉDITION,

Revue, corrigée et augmentée.

Consuesse Deos immortales, quò graviùs homines ex commutatione rerum doleant, quos pro scelere eorum ulcisci velint, his secundiores interdùm res et diuturniorem impunitatem concedere.

Cæsar. Comment. de bello gallica. Lib. I.

PARIS,

Chez A. EYMERY, Libraire, rue Mazarine, N°. 30.

M. D. CCC. XIV.

AVIS.

Nous croyons convenable de prévenir le Public, que cet ouvrage n'a aucune similitude avec celui de M. Schœl, publié par livraisons, et dont l'éditeur ne s'est proposé que de donner la *collection des Pièces officielles*. Notre tableau est sans doute composé d'après des pièces officielles, et c'est ce qui en forme la substance; mais nous avons en outre recueilli et classé les faits et leurs détails, avec la méthode qu'exclut nécessairement une simple collection de pièces. Nous nous sommes servis, pour l'exécution de notre plan, des matériaux qui nous ont été fournis par plusieurs officiers supérieurs des troupes française et alliées; nous avons comparé également entre eux les rapports et bulletins officiels, publiés par les armées des puissances respectives, pour en faire sortir la vérité. Plusieurs habitans des provinces envahies, témoins oculaires et passifs des événemens, nous ont encore aidés dans nos recherches, en nous donnant des documens précieux, et non encore publiés. Différens traits caractéristiques, que nous avons recueillis sur Buonaparte, complètent ce tableau.

L'histoire en prépare déjà de plus grands; le nôtre n'est qu'une esquisse que les siens remplaceront, mais dont la publication nous a paru utile pour mettre un grand nombre de lecteurs à portée de se former une opinion raisonnable sur des faits qu'ils n'ont guère connus que par leurs résultats, et sur un homme qui ne s'est guère montré qu'enveloppé des prestiges d'un charlatanisme, dont les yeux de bien du monde ont été longtemps fascinés.

CAMPAGNE
DE
PARIS,

EN DIX-HUIT CENT QUATORZE,

PRÉCÉDÉE D'UN COUP-D'ŒIL SUR CELLE DE 1813.

LE vaste empire qui s'élevait encore, à la fin de 1813, sur les riches et populeuses contrées circonscrites par les Pyrénées et les Alpes, le Rhin et les deux mers; qui comptait encore, en campagne ou dans ses places fortes, plus de quatre cent mille défenseurs; qui pouvait armer, pour les soutenir, un nombre au moins égal de citoyens, sortis des camps, et dans la force de l'âge; dont l'existence semblait garantie par vingt ans de victoires, et par la prodigieuse fortune d'un chef qu'on avait cru longtemps l'arbitre des nations, qu'on avait appelé *l'homme des Destinées;* ce vaste empire renversé dans une campagne de trois mois, jusque dans ses fondemens; tous les princes de l'Europe occupant, innondant de leurs soldats les deux tiers de son territoire; ses propres guerriers ou rendus inutiles, ou sacrifiés dans des combats meurtriers et sans résultat ; son chef lui-même survivant à cette réputation de *génie*, dont le prestige fit si longtemps sa force ; cet homme d'une activité si fatigante, frappé tout-à-coup d'une sorte de stupeur, abattu sous la main de fer de la fatalité, et descendant, comme un acteur qui finit son rôle, d'un trône pour la conservation duquel il n'a pas su vivre, pour la défense duquel il semble n'avoir pas osé mourir : voilà un de ces étonnans spectacles, que nous réservait un siècle fécond en révolutions ; une de ces grandes catastrophes qui font époque dans l'histoire ; une de ces crises qui décident du sort des peuples, et qui souvent étendent leur orageuse influence bien avant dans la postérité.

Le temps seul peut produire, et produira sans doute des tableaux dignes de ce grand événement. Dans une esquisse rapide, nous n'avons dû que nous proposer d'en saisir les principaux traits : nous aurons atteint notre but, si elle peut occuper un instant, et satisfaire la curiosité de nos contemporains.

Quelque funeste qu'eût été à la France et à Buonaparte, le désastre de Moscow, quelque irréparable que fût principalement la destruction de sa cavalerie, on peut dire que cette campagne fut plus décisive encore par ses résultats moraux, que par l'étendue des pertes matérielles. Elle affaiblit en effet la confiance des troupes, et augmenta en proportion celle des ennemis ; elle détruisit l'estime et le dévouement dans l'esprit des généraux ; elle força les plus crédules à douter de la justesse des vues politiques, de la supériorité des talens militaires de l'*invincible*, et donna une énergie incalculable à la force de résistance, que l'opinion avait déjà commencé à lui opposer.

Mais soit qu'une présomption démesurée, l'habitude des succès et le désir de la vengeance l'aveuglassent ; soit que l'épilepsie dont il est attaqué eût réellement porté atteinte à ses facultés intellectuelles ; son orgueil, cruellement puni, ne fut pas corrigé. Il crut ou voulut faire croire, et répéta que les *élémens* seuls, et la *fortune* l'avaient trahi ; et, au lieu d'user des immenses ressources qui lui restaient encore pour conclure une paix avantageuse, il se hâta de les rassembler toutes pour les exposer de nouveau aux caprices de cette *fortune*, dont il reconnaissait l'empire, pour jouer sur des champs de bataille, sa famille et sa couronne, ses derniers alliés et ses derniers sujets.

Dès le mois de janvier 1813, on put remarquer dans les journaux français, des *extraits de ceux de Londres*, extraits, la plupart du temps, fabriqués *à Paris*, et qui annonçaient que *Buo-*

naparte *n'était pas mort* (et nous ne le savions que trop bien); que *l'armée française n'était pas anéantie ;* que ni l'Empereur de Russie, ni le Régent d'Angleterre ne pourraient rétablir l'indépendance de la Hollande, de Hambourg et de toutes les autres conquêtes de Napoléon; que tous ces changemens étaient aussi *impossibles que le retour des Bourbons en France*. Il est vrai qu'on a reconnu depuis, qu'en effet il n'avait fallu pas moins que tout *le génie* de Buonaparte pour les y ramener. Ces attaques polémiques préludaient à des hostilités plus sérieuses; et bientôt, pour se mettre en état de continuer la guerre au dehors, on recommença, avec une nouvelle activité, celle qui se poursuivait déjà depuis longtemps en France contre le dernier homme et le dernier écu; on aurait pu même ajouter alors : contre le dernier cheval.

Un sénatus-consulte du 10 janvier, pour remplacer, y est-il dit, les trente mille Prussiens dont la trahison du général Yorck avait affaibli l'armée française, mit à la disposition de Napoléon, trois cent mille hommes pris également dans les gardes nationales, dans les conscriptions antérieures à 1813, et dans celle de 1814 : on ajoutait dans les pièces officielles, que celle de 1813 avait déjà fourni trois cent mille hommes, avec lesquels on aurait pu entretenir la guerre, s'il n'avait fallu remplir le vide causé par la désertion des Prussiens.

Bientôt un nouvel acte du 5 février pourvut au gouvernement et aux soins de l'intérieur, en conférant la régence à l'Impératrice, et autorisant le couronnement du *Roi de Rome* : faible garantie d'une couronne chancelante, et que la tête même de son père ne pouvait plus soutenir.

A cette même époque, se mêlaient les unes aux autres, et se succédaient rapidement les dispositions militaires, et les manœuvres sur l'esprit public. On menait les chevaux comme les hommes, accoutumé que l'on était à traiter les hommes comme des chevaux. Des propriétaires étaient tout étonnés de s'entendre annoncer qu'on acceptait le don du cheval qu'ils n'avaient pas offert ; des conseils départementaux apprenaient de leur préfet (comme à Paris, par exemple), qu'ils avaient voté au nom du cultivateur, mais sans le consulter, l'offrande ou l'expropriation des utiles compagnons de ses travaux. Les conscrits, que la gendarmerie conduisait quelquefois garottés, qu'on transportait sur des charettes, comme le bétail que l'on mène à la tuerie, lisaient sur les gazettes l'historique des transports qu'ils avaient manifestés en quittant leur famille, pour voler aux drapeaux à la voix *de la patrie* et *de l'honneur*. Le Roi de Naples recevait l'affront de se voir enlever le commandement qui passait au prince Eugène, comme ayant *l'habitude de l'administration* et *la confiance de l'Empereur*. Du reste l'on déployait avec complaisance l'étalage des forces françaises et alliées, qui se rassemblaient en Allemagne; on démentait, on atténuait les avantages des Russes. Dantzick était contre eux un boulevard *inexpugnable;* l'Allemagne elle-même, bien que menacée, *n'avait rien à craindre* ni des intrigues de l'Angleterre, ni de l'*irruption des barbares* qui seront renvoyés *d'autant plus vite qu'ils se seront avancés davantage*. Dans l'intérieur, des adresses commandées et dont même on tenait des modèles *en blanc* aux ministères, plus spécialement chargés de la direction de l'esprit public, annonçaient les sacrifices les plus grands, le dévouement le plus absolu : telles furent les principales circonstances qui précédèrent et annoncèrent la campagne de 1813, et qu'on put regarder comme les indices avant-coureurs des efforts et du sang qu'elle coûterait.

Avant d'ouvrir cette campagne, Napoléon crut devoir soumettre ses projets ou plutôt ses déterminations à la complaisante sanction du corps législatif; il eut l'effronterie d'annoncer

(le 14 février), à la face de la nation, à la face de l'Europe, que les Anglais étaient forcés d'évacuer l'Espagne; qu'il avait triomphé en Russie de tous les obstacles créés par la main des hommes; mais que la rigueur *excessive et prématurée* de l'hiver, avait tout fait changer. « *J'ai fait de grandes pertes*, dit-il enfin; *elles » auraient brisé mon âme, si j'avais dû être » accessible à d'autres sentimens qu'à l'intérêt, » à la gloire, à l'avenir de mes peuples* ». Après s'être ainsi honoré de son *impassibilité* pour la perte de trois cent mille hommes, les uns victimes en quelques jours de son ambition, les autres sacrifiés au besoin d'assurer sa fuite, il ajoutait que, tant que cette guerre durerait, ses peuples devaient s'attendre *à toutes sortes de sacrifices ;* et que cependant, moyennant certaines mesures du ministre des finances, il ne devrait imposer *aucune nouvelle charge* à ces mêmes peuples: il est vrai qu'alors il avait pris sur lui, d'avance, le soin d'augmenter de sa pleine autorité divers impôts indirects.

Mais bientôt les événemens allaient le forcer à combattre l'ennemi autrement que par des assertions mensongères, et dont chaque circonstance nouvelle démentait l'exagération en le réduisant lui-même à des aveux contraires à ses fastueuses annonces, à ses rodomontades charlatanesques. Le vice-roi, trop faible en cavalerie (et la cavalerie, avait-on dit, était toute réorganisée), se retirait sur l'Elbe; il ramenait autour de Magdebourg, cent mille hommes et trois cents canons. Cette Allemagne, qui n'*avait rien à craindre*, était fortement entamée; on évacuait Hambourg. La Prusse, dont quelques semaines auparavant on louait la fidélité, on annonçait les formidables armemens; la Prusse, dont le monarque recevra peut-être de l'histoire le reproche de ne s'être pas montré assez à temps l'ennemi de Buonaparte, mais qui expia ce tort par l'humiliation d'avoir à essuyer les hauteurs, à dévorer les insultes dont le moderne Attila payait la soumission des Rois attachés à son char (1); la Prusse, disons-nous, fatiguée de tant de malheurs, irritée de tant d'affronts, se

---

(1) Les tyrans, qui savent au fond se rendre justice, redoutent toujours ceux qu'ils ont offensés. Buonaparte bien convaincu que le Roi de Prusse n'était que trop autorisé à rompre de funestes engagemens, voulut s'assurer de sa foi en lui ménageant, comme aux princes d'Espagne, l'honneur de se jeter *librement* dans les bras de son allié, et son enlèvement fut ordonné. Pour prévenir cette violence, le Roi se réfugia promptement à Breslaw : mais il eut encore le chagrin de s'entendre hautement accuser de perfidie par celui même dont il avait à grand peine évité l'odieuse déloyauté.

plaçait avec l'énergie du désespoir dans les rangs de nos ennemis.

Napoléon court à la guerre comme à la vengeance. Aux hyperboles du sénat, aux menaces de la puissance et des armes du génie, et du vol des aigles vengeresses, devant qui tout doit trembler, on ajoute de plus réels renforts, des ressources plus sérieuses. Une nouvelle force de cent quatre-vingt mille hommes est mobilisée; on appelle au-delà des frontières quatre-vingt mille hommes de ce premier ban, à qui on avait *défendu de les franchir;* sous le titre de *gardes d'honneur*, on ravit, *par insigne faveur*, aux familles les plus distinguées, la jeunesse, que jusqu'ici la richesse ou les places avaient soustraite aux *conscriptions plébéïennes*. C'est après ces grands mouvemens, après cet immense développement de forces, que Napoléon quitte Paris et la France, que si peu de ceux qu'il en faisait sortir, devaient revoir avec lui.

A s'en rapporter aux calculs officiels, il allait se trouver en campagne avec environ six cent mille hommes (1): en y joignant les contin-

---

(1) La grande armée, sur l'Elbe, était de cent mille hommes; la conscription de 1813, de trois cent mille hommes; le Sénatus-Consulte du 3 avril augmentait cette force de cent quatre-vingt mille hommes. Il faut y joindre tout ce qui, sans être renfermé dans des places

gens de ce qui lui restait d'alliés, l'*effectif* devait réellement approcher de ce nombre. Il est vrai que les deux tiers environ se composaient de nouvelles levées. Les places de la Pologne et de l'Oder étaient restées en outre occupées par de nombreuses garnisons. On pouvait en évaluer la force à près de soixante-dix mille hommes, dont quarante-huit mille dans les premières, et le reste dans les autres (1). L'événement, au reste, prouva que cette disposition était une faute militaire. Les places fortes sont toujours le gage de la victoire et le prix du vainqueur. Les soixante-dix mille hommes d'excellentes troupes dont se privait Buonaparte en les y enfermant, eussent probablement plus ajouté à ses forces, que la nécessité de leur opposer des

───────────────

fortes, n'était pas autour du Vice-Roi. On ne parle pas ici des trois cent mille hommes dont la levée fut ordonnée le 10 janvier, pour remplacer ce qui se portait de l'intérieur à l'armée : mais on peut croire qu'une partie fut employée activement, après l'organisation des gardes nationales, qui, lors du départ de Napoléon, se trouvaient chargées de veiller à la sûreté et à la défense d'un grand nombre de départemens.

(1) On comptait à Dantzick trente mille hommes; à Modelin huit mille; à Thorn cinq mille cinq cents; à Zamosc quatre mille; à Czentoschau neuf cent; Stétin, sur la ligne de l'Oder était gardée par neuf mille hommes; Glogau par six mille; Custrin et Spandau par trois mille chacune.

corps d'observation n'en retirait à l'ennemi. Cette erreur de l'homme qui s'était fait proclamer le premier capitaine de l'Europe, n'est pas la seule que les gens du métier lui reprochent dans cette campagne, qui fut, à proprement parler, sa dernière. Il y arracha encore quelques faveurs à la victoire ; mais son désastreux résultat, comparable à celui de la retraite de Moscow, et plus honteux encore, puisque, cette fois, l'on n'eût point à combattre les climats qui seuls ne peuvent *être maîtrisés par le génie et le courage* (1), amena comme conséquence nécessaire les revers et l'issue de celle de Paris, où *le héros s'évanouit*, en se débattant dans les convulsions de l'agonie.

Dans le plan que nous nous sommes proposé, et voulant principalement nous attacher à présenter la marche et le dénouement de cette grande catastrophe, nous ne jetterons qu'un coup-d'œil rapide sur les événemens de la campagne de 1813, et autant seulement qu'il sera nécessaire pour faire sentir l'influence qu'ils eurent sur celle de 1814.

Napoléon, parti de Paris le 15 avril, se hâta de chercher l'ennemi qui avait poussé ses premiers corps jusqu'au delà de Leipsick ; et bientôt

_____

(1) Expression du rapport du Ministre des relations extérieures, lu au Sénat, séance du 2 avril.

une grande bataille, livrée le 2 mai auprès de Lutzen, parut, dumoins pour la France trompée, lui rendre sa supériorité accoutumée. Un bulletin pompeux, rempli de forfauteries prématurées et de réticences mensongères, annonça que cent-cinquante à deux cent mille ennemis avaient été *défaits et mis en déroute* par moins que la moitié de l'armée française. « Cette bataille, ajou-
» tait-on, comme un coup de tonnerre, a pulvé-
» vérisé les chimériques espérances et tous les
» calculs de démembrement de l'Empire. Les
» trames ténébreuses, ourdies par le cabinet de
» Saint-James, se trouvent *en un instant dé-*
» *nouées, comme le nœud gordien par l'épée*
» *d'Alexandre* ». En un mot il fallait renoncer à l'espérance *de faire rétrograder l'étoile de France;* et les conseillers, qui voulaient démembrer l'Empire français, et humilier l'Empereur, *proposaient la perte de leurs Souverains.*

On avoua d'ailleurs que la lutte avait été terrible, et nous coûtait dix mille hommes; que l'ennemi avait prévenu plusieurs combinaisons de Napoléon; que notre centre fut forcé de plier. Il est certain que les nouvelles levées compromirent le sort de la journée, et qu'elle eût été perdue sans le dévouement héroïque du général Girard, qui, atteint de plusieurs blessures, soutint, en refusant de quitter le champ de bataille, la résistance d'un faible et dernier corps, dont l'ébranlement eût décidé la victoire en faveur de l'ennemi. Ce général ne fut point récompensé (1). Au reste, ce qui prouve sans réplique que l'ennemi resta maître de sa retraite, et qu'il l'opéra d'après des dispositions combinées, c'est que le nombre de ses prisonniers fut insignifiant, qu'aucun de ses blessés ne fut abandonné sur le champ de bataille, qui était jonché des nôtres. On lit dans le bulletin que ce champ de bataille offrit *le spectacle le plus touchant;* que les jeunes soldats blessés faisaient trêve à leurs douleurs, pour crier : *vive l'Empereur :* mais l'histoire ajoutera que bientôt ce même champ offrit *le spectacle le plus exécrable*, et que pour prix de leur dévouement, ces blessés furent horriblement écrasés sous les pieds des chevaux, sous les roues des charriots de la maison même

---

(1) Le général Girard était à peine guéri de ses blessures, qu'il courut à de nouveaux dangers. Le 27 août il soutint, avec sept mille hommes, l'attaque d'une division de vingt-cinq mille Prussiens et Russes, depuis une heure jusqu'à sept d'après-midi, sans perdre un pouce de terrein.

Il avait onze balles tant dans ses habits que sur son cheval, lorsqu'une grièv e blessure au bas-ventre le força, par la perte de son sang, à ordonner une retraite que l'ennemi n'osa inquiéter.

Le soldat prussien, qui l'avait blessé, fut fait officier et décoré sur le champ de bataille ; et le général français n'eut encore pour récompense que l'oubli même dans les journaux. Que lui manquait-il donc? Il ne savait pas faire sa cour.

de Napoléon, dans un mouvement rapide, qu'avait occasionné un *houra* inattendu de l'ennemi. Selon les rapports des Alliés, ils repoussèrent, pendant toute la journée, les attaques des Français, et offrirent le lendemain, à leur chef, un nouveau combat, que celui-ci refusa, pour manœuvrer sur leurs derrières, et couper leurs communications avec l'Elbe. Par suite de ce mouvement, ils se décidèrent à se couvrir de ce fleuve. Ainsi Napoléon marcha vers Dresde, où il entra le 8 mai.

Le 19, le 20 et le 21 suivans, les journées de Bautzen et de Wurchen décidèrent la retraite des Alliés en Silésie. Les nouvelles de ces sanglantes affaires ne furent publiées à Paris que le 31 mai : on insistait avec force sur la *déroute* de l'ennemi; cependant on ne disait plus que le *nœud gordien était encore une fois coupé ;* on convenait qu'on ne lui avait pris que dix-neuf canons; que l'on n'avait pu lui enlever de drapeaux, parce qu'il *les tenait sur ses derrières.* Ce fut dans ces circonstances qu'une suspension d'armes vint un instant rendre à l'Europe l'espérance, presque aussitôt évanouie, d'une pacification générale : les hostilités cessèrent dès le premier juin.

L'accession de Napoléon à un armistice qui ouvrit les négociations de Prague, prouvait assez que ses *victoires* ou ses *boucheries* de Lutzen, de Bautzen et de Wurchen, avaient été sans résultat décisif; que sa prépondérance continuait de décliner; que s'il pouvait encore traiter avantageusement de la paix, il avait, en perdant son ascendant, perdu le droit d'en dicter les conditions. Ce qui le prouvait mieux surtout, c'était l'attitude de l'Autriche qui, encore notre alliée, offrait, les armes à la main, une médiation imposante, qui annonçait sa disposition à tourner ces armes contre l'ennemi, quel qu'il fût, de la paix, et qui par sa démarche seule, par sa conduite en tout favorable aux coalisés, indiquait clairement qu'elle s'attendait que cet *ennemi public* se rencontrerait dans Napoléon.

Dans ces mêmes circonstances, la Suède, qui n'avait qu'à se plaindre de ses relations avec la France, envoyait sur les champs de bataille ses troupes et le capitaine que nous lui avions donné, et dont l'épée devait être de quelque poids dans la balance où se pesaient les destinées de l'Europe. La Prusse entière était armée, et les inquiétudes que nous donnaient sa *Landwher* et sa *Landsturm*, sont écrites dans les déclamations de nos journaux contre ces mesures extraordinaires, *contraires au droit des gens, indignes de peuples civilisés*, et que pourtant ces mêmes journaux, quelques mois plus tard, appelèrent à grand cris, et commandèrent à la France, comme *seul moyen de sauver la patrie*. Enfin les communications, sur les derrières de l'armée, étaient interceptées, et de nombreux partisans enlevaient hommes, convois, et munitions.

On sait que les négociations furent sans effet (1), que chacun en appela à son épée. Mais avant leur rupture, il se passa un événement en apparence sans conséquence, et qui cependant produisit beaucoup de sensation. Le 26 juillet au soir, Napoléon vient tout-à-coup se joindre à l'Impératrice, qui s'était rendue de son côté, à Mayence, se montre pendant cinq à six jours occupé à passer des revues, et retourne à son armée, sans que ce voyage subit paraisse avoir produit rien de plus important. Accoutumé que l'on était à n'attendre rien que d'extraordinaire de cet homme qui fut en effet beaucoup trop singulier, on se perdit en con-

---

(1) L'histoire remarquera que tandis qu'on négociait, de grossières injures, sorties des arsenaux de la police, étaient insérées, *par ordre*, dans les journaux, contre un ministre russe, M. Anstettein; qu'en même temps Napoléon protestait de ses *dispositions pacifiques*, et accusait les Anglais de paralyser les opérations du congrès... C'étaient toujours *les Anglais* qui faisaient tout en France; et on l'a tant dit, que cela a fini par être vrai, *à la lettre*.

jectures : la plus étrange, selon la coutume, fut la mieux accueillie, et la voix publique l'accusa d'avoir voulu attirer dans un piége l'Empereur, son beau-père, pour se rendre maître de sa personne, et prévenir sa prochaine alliance avec les ennemis. En supposant que ce fut une calomnie, on conviendra que l'on ne *calomnie* ainsi que ceux dont on croit avoir le droit de *médire*, et qu'on n'impute de pareils crimes qu'à ceux qui s'en sont montrés et en sont reconnus capables.

Cependant l'armistice expirait. L'Autriche, qui dès le mois d'avril, et postérieurement à la connaissance de nos premières victoires, s'était engagée à soutenir avec cent cinquante mille hommes des propositions de paix, avait envoyé, le 12 août, la déclaration formelle de son accession à l'alliance de la Russie, motivée sur la nécessité de réprimer les envahissemens perpétuels de Napoléon, et de le forcer à une pacification dont elle l'accusait d'avoir, pendant l'armistice, refusé ou éludé tous les moyens. Napoléon se prépara aux hostilités, et consulta ses généraux. Il paraît que l'opinion des militaires éclairés était de quitter la position de Dresde, et de se rapprocher du Rhin, à cause des avantages que donnait désormais aux ennemis la Bohême, qui leur offrait pour retraite une forteresse inexpugnable formée par la nature même, et d'où, pouvant agir sur notre droite et nos derrières, ils devaient bientôt nous mettre dans l'impossibilité d'avancer ou de reculer. On assure aussi que Napoléon convint que cette opinion était la plus raisonnable, mais que *sa gloire,* ne lui permettait pas de battre en retraite; et il fit ses dispositions pour attaquer en même-temps à gauche, à droite, en avant, la Prusse, la Bohême et la Silésie (1). Les hostilités étaient reprises du 17 août. De beaux faits d'armes soutenaient, sur le Bober, ce qu'on appelle notre gloire militaire; mais ces lauriers ne faisaient que parer la victime; et nos succès même, toujours chèrement achetés, avançaient l'instant de revers décisifs. Déjà le prince de Suède avait battu à plate couture, sans qu'on nous en fît la

---

(1) On apprit à Paris, vers le milieu de septembre, que le général Jomini, chef d'état-major du troisième corps, avait été condamné à mort, comme traître et déserteur à l'ennemi, au moment de l'armistice. On sait aujourd'hui que cet officier d'un grand mérite, ne fit que fuir, pour sauver sa vie menacée de toute la fureur de Napoléon, à qui il avait osé *démontrer la nécessité d'un mouvement rétrograde,* et qui pour toute réponse, le traita de lâche; croyant sans doute détruire, par cette injure, l'effet que produisait sur l'opinion des militaires, celle d'un général expérimenté et estimé.

confidence, l'armée du duc de Reggio, dont on continuait de nous annoncer la *prochaine entrée* dans Berlin. Bientôt Napoléon lui-même, que des avantages trompeurs entraînaient au fond de la Silésie, est obligé de laisser écraser Macdonald sur le Bober; tandis qu'il en ramène sa garde au pas de course, pour défendre Dresde, que cent cinquante mille hommes, débouchant de la Bohême, venaient attaquer. Les combats terribles du 26 et du 27 août, firent échouer le but principal de cette attaque. Napoléon y reçut une nouvelle faveur de ce *hazard* qui était son génie; et le boulet qui frappa le général Moreau, en prolongeant le règne de son rival, prolongea les malheurs de l'humanité (1). Paris cependant eut ordre de se réjouir.

---

(1) Moreau était arrivé depuis le 16 août seulement auprès des Alliés. L'opinion publique lui attribue une grande part au plan des opérations qui décidèrent l'issue de cette campagne. Lorsque les passions qui sont encore en fermentation seront appaisées, on rendra justice à la pureté, à la générosité de ses vues : mais on pensera peut-être aussi qu'on eût pu employer ses grands talens, sa grande influence plus utilement et plus adroitement. En se mettant à la tête des ennemis, comme militaire, il devait sans contredit ajouter à leur force; mais il perdait l'avantage d'agir sur l'opinion comme citoyen. Que Moreau se fût présenté en France avec un corps formé des prisonniers français, il eût opéré une révolution politique ; il eût été *l'homme de*

Un mandement, plein de fanfaronnades militaires, et qu'on appela plaisamment *le bulletin du cardinal Maury,* annonça un *Te Deum* solennel pour les *dernières* victoires de l'Empereur; et tout Paris, acceptant l'augure, répéta: *Eh bien! réjouissons-nous donc des* DERNIÈRES *victoires de l'Empereur!*

Cet Empereur, déjà déchu dans les décrets de la Providence, consumait à Dresde son activité sans but en efforts impuissans. Partout il rencontrait des obstacles, partout il éprouvait des échecs : et il accusait encore ses ennemis de manquer de plan et de résolution! et tandis qu'à Paris on donnait au sénat la représentation de la nation et de la loi ; en Allemagne, il ne pouvait que gagner, peut-être même perdre des batailles : il était l'homme de la force, et la force pouvait l'entraîner au-delà de ses calculs.

L'élévation d'une Archiduchesse d'Autriche sur le trône de l'Empire français, et la coopération de son père à une guerre dirigée contre cet Empire, ont dû singulièrement embarrasser la marche de la politique, et faire prendre plus d'une mesure fausse ou incomplète. Cette auguste princesse, victime intéressante du plus noble sacrifice, n'a laissé à la France que le souvenir de ses vertus : l'histoire observera que son mariage, inutile à tous, loin d'affermir la paix, comme il semblait le promettre, a au contraire multiplié les chances favorables à la prolongation de la guerre.

l'archiduchesse d'Autriche déclarant la guerre à son père; tandis que ce sénat envoyait deux cent quatre-vingt mille nouveaux conscrits à la boucherie, le prince de Suède, injurié par les journaux, et qui leur répondait par des succès, qu'ils avaient ordre de dissimuler, réduisait, par ses manoeuvres, Napoléon à quitter enfin cette position de Dresde, qu'il avait si chèrement et si inutilement conservée. La Bavière, d'où il avait retiré l'armée qui devait la protéger; la Bavière, notre plus ancienne alliée, ainsi abandonnée contre la teneur du traité d'alliance, rompait ses liens funestes, et passait à nos ennemis. A Wachau, à Leipsick, la victoire nous devenait infidèle. Ce n'était plus une retraite, c'était une fuite qui sauvait les débris de six cent mille hommes. Les gardes de Napoléon lui ouvrirent à coups de sabre un passage à travers les Français entassés sur le pont de la Pleiss; et bientôt la foudre, allumée par ses ordres, en détruisant ce pont, allait conserver encore, en sacrifiant un tiers de l'armée, cet homme qui, de tant de naufrages, depuis son départ de l'Egypte jusqu'à celui de Fontainebleau, n'a jamais su sauver que lui.

Les affaires de Hanau, du 29 au 31 octobre, où trente mille, tant Bavarois qu'Autrichiens, l'arrêtèrent trois jours, ne prouvèrent que l'invincible courage des troupes et les talens des généraux. Une ruse heureuse assura, le 31, le passage qui lui avait été fermé la veille et l'avant-veille. On imagina de faire filer des bagages de manière qu'ils présentaient une proie facile à l'ennemi; il y courut en effet. Les soldats se livrèrent au pillage; et pendant ce temps, un effort vigoureux et bien dirigé permit à Napoléon de continuer sa fuite, et de mettre enfin, à Mayence, où il entra le 2 novembre, le Rhin entre lui et les Cosaques, qui lui avaient plus d'une fois fait courir le danger d'être pris.

Il s'y trouva précédé par les bruits les plus sinistres. Sur toute la frontière on le croyait perdu; l'opinion se prononçait avec force. Pour ranimer les esprits, il eut recours à son incorrigible fourberie, et fit courir des gendarmes sur toute la ligne du Rhin, avec une proclamation annonçant que l'Empereur avait *exterminé*, à Hanau, les Bavarois et les Autrichiens, et que le retour de l'*auguste Souverain* devait dissiper toute crainte *sur les projets ultérieurs des ennemis*. Ce fut par ces nouvelles promesses qu'il termina la campagne de 1813 : promesses effrayantes pour ceux qui se rappelaient qu'il avait ouvert cette même campagne, en annonçant avec la même assurance que l'Allemagne *n'avait rien à craindre des barbares*, et qu'ils allaient en être chassés : auspices funestes que ne justifia que trop la campagne de 1814. Nous allons en effet la lui voir commencer et terminer avec les mêmes caractères d'imprévoyance et d'obstination, avec tous les signes de cet esprit de vertige et d'erreur :

« De la chûte des rois, funeste avant-coureur. »

et qui, avant de consommer sa perte, devait nous rendre une partie des maux que, sous ses ordres, nous avions répandus sur toutes les nations, et faire partager à ses trop aveugles instrumens, le châtiment réservé par la justice éternelle à ses insolentes prospérités.

Tableau de la Campagne de 1814.

Des revers, qui paraissaient incompréhensibles à la multitude, que les prestiges de Buonaparte avaient si long-temps séduite, et tenaient encore dans l'aveuglement, avaient amené les forces de l'Europe sur toutes nos frontières. En vain on avait tout employé pour déguiser l'étendue de nos pertes ; envain on parlait encore de la désunion, de la mésintelligence des Alliés, de leurs défaites (qui les avaient conduits jusqu'au bord du Rhin), de l'incertitude de leurs plans, des chimères de leurs espérances : les résultats parlaient plus haut, et leur langage était profondément décourageant. Les journées seules des 16, 18 et 19 octobre, auprès de Leipsick, avaient mis au pouvoir de l'ennemi, uniquement en prisonniers, plus de quarante mille hommes, trois cents pièces de canons, mille caissons, des magasins immenses. Chaque jour de la retraite avait encore vu détruire et sacrifier toutes sortes d'équipages, pour accélérer la marche des troupes. Les affaires d'Hanau coûtèrent près de 40 autres mille hommes tant en prisonniers, qu'en tués ou blessés, que pour passer plus vîte, l'on abandonna sur le champ de bataille; et la route de l'armée, jusqu'à Mayence, fut encore tracée avec des cadavres et des débris. Ajoutez quarante mille blessés transportés, en quinze jours, de Leipsick à Francfort, sans avoir été pansés, qu'on repoussa de France, de peur que leur présence ne vînt déposer contre les mensonges de Buonaparte; et qui, abandonnés sur l'autre rive, y répandirent une épidémie contagieuse, à laquelle eux-mêmes ont presque tous succombé. Notre perte dans cette campagne a dû passer trois cent mille hommes. On avait souvent vanté les grandes batailles où une seule journée de Buonaparte décidait du sort d'une nation; ici sa défaite décidait du sort du continent, et brisait le sceptre de fer dont il avait frappé le monde. En 1812, il dominait immédiatement sur une grande partie de l'Europe, et tenait l'Autriche, la Prusse et le Dannemarck sous le joug de ses alliances ; en 1813, cette Europe toute entière avait tourné ses armes contre lui, et il était réduit à la France, telle qu'il l'avait trouvée lorsqu'il vint s'en emparer. Le monopole immense des denrées coloniales, qu'il exerçait exclusivement, les contributions de guerre de tous les pays où s'étendait son influence, enfin toutes les richesses de la France semblaient lui avoir créé des ressources inépuisables : celles du dehors s'étaient évanouïes avec la monstrueuse chimère du système continental ; et il ne lui restait plus en dedans, qu'une administration en désordre, des dépenses arriérées, des charges au-dessus de ses revenus, et ce discrédit dévorant, fruit et indice de l'excès des besoins, et de l'impuissance des remèdes réparateurs. Les batailles de Smolensk, de Borodino, de Krasnoï, de Lutzen, de Bautzen, de Hanau avaient prouvé qu'avec des forces inférieures on pouvait lui résister ; la fin de la campagne ne laissait pas de doute qu'avec des forces égales il ne pût être battu, et qu'avec la supériorité du nombre il ne dût être écrasé. Enfin il n'avait pas su conserver la partie de l'édifice gigantesque qui était son propre ouvrage ; et ce commencement de ruine causait de justes défiances sur les talens qui lui restaient à montrer pour la défense de ce qu'on lui avait transmis.

Cependant, il faut l'avouer, entouré de débris, il levait encore une tête menaçante, et il faisait déployer à la France une attitude formidable. Les frontières, encore intactes et hérissées de places fortes munies de trop nombreuses garnisons, semblaient devoir arrêter longtemps ceux qui tenteraient de franchir ces barrières. Les départemens au pied des Pyrénées étaient, il est vrai, entamés; mais on ne craignait pas que les grands coups vinssent de ce côté, et la ligne du Rhin était regardée comme le boulevard où s'arrêterait la fortune contraire. Tranquille au milieu de Paris, Napoléon, de sa propre autorité, augmentait les impôts indirects, et recevait du sénat trois cent mille conscrits, auxquels on ajouta cent vingt mille hommes sur les anciennes classes, et des complimens sur le courage avec lequel il avait combattu tous les obstacles, sur le génie avec lequel il avait *tout surmonté*. Il répondait modestement que les circonstances n'avaient pas été au-dessus de la France ni de lui.

Cependant, il sentait le besoin de nouveaux appuis, et il appela autour de lui le corps législatif. Il voulut aussi ramener l'opinion publique qu'il avait jusqu'alors constamment bravée ou méprisée; et il déclara formellement qu'il ne s'agissait plus de faire ni de recouvrer des conquêtes; que la paix basée sur la conservation de l'intégrité du territoire, était son seul but. Mais en même-temps, des articles, émanés du Gouvernement, insinuaient dans les journaux que les alliés, en parlant aussi de paix, ne la voulaient pas sincèrement; qu'ils prétendaient humilier et surtout dévaster la France; qu'ils avaient juré de venger sur Paris l'incendie de Moscow. On ne sait pas encore bien certainement si les alliés étaient résolus dès-lors au parti qu'ils ont avoué depuis de ne plus traiter avec Napoléon, dont ils savaient assez d'ailleurs que l'ambition ne pouvait être épouvantée d'aucun obstacle, ni la conscience retenue par aucun frein : ce qui est au moins indubitable c'est que le corps législatif lui offrit les véritables moyens de conquérir la paix, et de raffermir sa puissance, si lui-même eût voulu d'une paix sûre et honorable, d'une puissance juste et modérée. Pour la première fois depuis treize ans, peut-être, les organes de la nation firent entendre au despote le langage de la vérité. Des hommes sages, et dont le courage fut en ce moment au niveau de leurs devoirs, lui demandèrent qu'il posât franchement et ouvertement vis-à-vis de l'ennemi, les bornes de ses prétentions ; que dans l'intérieur, le despotisme et l'arbitraire fussent remplacés par les lois et la constitution. A ces conditions, le corps législatif lui répondait du mouvement général et spontané du peuple français en sa faveur. Si Buonaparte les eût acceptées, ce mouvement avait lieu. L'effet en était incalculable : il pouvait conserver l'empire ; et tous ceux qui connaissaient la profonde duplicité de son chef n'apprirent pas sans terreur que la prudence et la modération du corps législatif lui eussent offert des moyens aussi sûrs, aussi faciles, aussi nécessaires pour lui-même, de s'armer de la force de l'opinion, de s'entourer enfin d'une véritable popularité. Heureusement pour la liberté publique, l'orgueil insensé, la fausse grandeur de Buonaparte lui firent méconnaître et repousser avec indignation cette dernière chance de succès. Que justice soit aussi rendue à ses flatteurs : ils sont généralement accusés d'avoir en cette circonstance excité, augmenté la haine du despote pour toute autorité rivale de la sienne. Leurs conseils, son obstination naturelle, la honte de céder et surtout de paraître s'être trompé dans son système de gouvernement, le décidèrent à briser avec violence le corps législatif. La morale ne reconnaît point de crime utile : il faut cependant avouer que les conseillers de celui-ci hâtèrent la chûte de la tyrannie (1).

---

(1) On a assuré que, dans l'ardeur de leur zèle, ces valets-

En congédiant le corps législatif, Napoléon en rassembla la plupart des membres au palais des Tuileries, et leur adressa pour adieux, un discours ou plutôt des invectives si violentes, mêlées de si étranges paralogismes, que l'histoire en fera sans doute mention, comme preuve du désordre de la tête et des idées de celuiqui voulut être chargé seul de l'administration, du gouvernement, de la défense d'un grand empire (1). Mais tandis qu'il insultait ennemis et sujets, qu'il

---

ministres proposèrent de faire fusiller la commission du Corps-Législatif qui avait osé faire entendre le mot de *Loi*. Parmi ces esclaves de Buonaparte, ceux qui ont paru les plus méprisables, à raison de ce qu'ils étaient plus éclairés, furent les ex-ministres Maret, Montalivet et Molé, qui a taché un beau nom, en l'immatriculant au catalogue des défenseurs du despotisme.

(1) Ceux devant qui fut prononcée cette singulière harangue du César Corse, en furent si frappés, que chacun en retint aisément quelques traits : on les rassembla avec empressement, et l'on eut, par ce moyen, un extrait assez fidèle de cette philippique qu'on a imprimée, en avril dernier, dans les journaux. En voici quelques passages :

« J'ai fait, dit-il, *ex abrupto*, supprimer l'impression
» de votre adresse : elle est *incendiaire*. Les onze dou-
» zièmes du Corps-Législatif sont de bons citoyens, mais
» un douzième renferme des factieux et de mauvais ci-
» toyens. Votre commission est de ce nombre. (Et comment
» ce douzième n'était-il pas réprimé par la majorité ?)

ordonnait l'armement de la garde nationale, rassemblait et exerçait en hâte de nouvelles levées, et entassait dans les places fortes une armée de vieilles troupes qui devaient ne lui être

» Lainé est un traître vendu à l'Angleterre. (Un monarque
» a le droit de faire juger un traître; il est tyran dès qu'il
» injurie un citoyen.) Ce n'est pas dans le moment où l'on
» doit chasser l'ennemi de nos frontières, que l'on doit
» exiger de moi un changement de constitution. (On ne
» demandait que l'exécution de celle qu'il avait jurée, par-
» ce que des citoyens se battent courageusement pour leurs
» lois, l'indépendance de leur patrie ; mais des esclaves, des
» serfs, pour le bon plaisir de leur maître: non.)Vous n'êtes
» point les *représentans de la nation*, *mais les députés des départemens*. (Et qu'est-ce donc qu'un Corps-
» Législatif ?) Le Corps-Législatif n'est qu'une partie de
» l'Etat, qui ne peut même entrer en comparaison avec le
» *Conseil d'Etat et le Sénat*. (Qui déjà n'étaient pas
» grand chose: d'où un Corps-Législatif serait dans l'Etat,
» une partie au-dessous de rien. Mais quelles idées de gou-
» vernement et de constitution !) J'ai été choisi par quatre
» millions de Français, pour monter sur ce trône; (Quatre
» millions, c'est beaucoup trop.) moi seul je suis *le représentant du peuple*. Qui de vous pourrait se charger d'un
» tel fardeau ? (Pour le porter comme lui, beaucoup de
» monde : et puis quel Etat, quelle nation, quelle consti-
» tution, lorsqu'un seul homme y est tout, prétend qu'il
» n'en peut pas même être autrement ? Voyez cependant
» l'Angleterre.) Ce trône n'est que du bois recouvert de
» velours : *le trône, c'est moi*. Si je voulais vous croire,

d'aucun secours; qu'enfin, après avoir décrié la Landsturm chez les Prussiens, comme une mesure barbare et inutile au but qu'on en attendait, il appelait lui-même tous les Français

---

» je céderais à l'ennemi *plus qu'il ne me demande.*
» (Le Corps-Législatif ne demandait que la paix, et plus
» de conquêtes, plus d'extensions hors de nos frontières
» d'alors ; Napoléon avait déclaré lui-même, à la face de
» la nation, qu'il ne prétendait pas plus : mais si l'ennemi
» *lui demandait encore moins*, Napoléon a donc menti
» en disant qu'il voulait sincèrement la paix, et il est le
» seul *incendiaire*, le seul coupable d'une guerre parri-
» cide.) Vous aurez la paix dans trois mois, *ou je périrai.*
» (Cette fois du moins la moitié de sa promesse a été réalisée;
» encore ce n'est pas sa faute.) Nous irons chercher l'en-
» nemi, *et nous le renverserons.* (Paroles perdues comme
» tant d'autres.) Je ne suis à la tête de cette nation, que
» parce que la constitution de l'Etat *me convenait.* (Nous
» le croyons bien : mais en bonne logique, comme en
» bonne justice, il fallait demander si cette constitution
» convenait aussi à cette nation.) Si la France exigeait
» une nouvelle constitution, je lui dirais de chercher un
» autre Roi. (Eh que ne lui demandiez-vous plutôt son
» avis; que ne l'avez-vous laissée parler plutôt !) C'est
» contre moi que l'ennemi s'acharne plus encore que contre
» la France. (Vous convenez donc que vous étiez l'ennemi
» et de la France et de l'ennemi). Retournez dans vos
» foyers : je le répète, les onze douzièmes du Corps-Lé-
» gislatif sont animés du meilleur esprit ; (Et c'est pour
» cela, pour punir une faible minorité d'un douzième, que

à aiguiser leurs armes, à faire tout le mal possible à l'ennemi, les alliés, après avoir nettoyé l'Allemagne, à l'exception de quelques garnisons, et du corps français que le prince de Suède força de se renfermer dans Hambourg, déployaient, sur le Rhin de la Suisse à la Hollande,

------

» je vous chasse tous.) et si parmi vous il s'en trouvait un
» qui fasse imprimer le rapport, je le ferai mettre dans
» le Moniteur, *avec des notes que je rédigerai.* (Si
» vous aviez de si formidables moyens de confondre, de
» terrasser les *factieux*, pourquoi donc éviter la discus-
» sion ?) En supposant même que j'eusse des torts, vous
» ne deviez pas me faire des reproches publics: *c'est en*
» *famille qu'il faut laver son linge sale: on ne doit*
» *pas appeler tout le monde pour le voir laver.* (La
» force de la logique s'unit à la grâce de l'expression.) *La*
» *France a plus besoin de moi, que je n'ai besoin*
» *de la France.* (Belle conclusion, et digne de l'exorde.
» Cependant il serait bon de dire de quelle utilité vous
» avez été à la France; il serait généreux aussi, puisque
» vous n'avez pas besoin d'elle, de la dégrever des six mil-
» lions dont on la charge pour votre entretien, et qui se-
» raient alors mieux employés à acquitter les pensions des
» blessés, vos victimes, que vous trouviez plus commode
» d'abandonner, et les traitemens des fonctionnaires, des
» employés, que vous trouviez plus simple de ne plus
» payer, et qu'on prive encore du nécessaire, pour vous
» assurer le superflu. Votre élévation nous a déjà tant
» coûté : ne pourriez-vous pas nous faire meilleur marché
» de votre chûte ?)

les forces les plus redoutables. Ils allaient entreprendre une invasion qu'on nous représentait d'avance comme leur perte, qui aurait pu, en effet, avec une autre tête que celle d'un joueur de batailles, n'être pas sans danger, et que le succès cependant a pleinement justifiée.

Ils se firent précéder, dès le 6 et ensuite le 21 décembre 1813, de proclamations et déclarations adressées à l'Europe, aux Français, aux Suisses. Par celles-ci, les puissances liguées faisaient connaître à la Suisse qu'elles ne pouvaient respecter son prétendu système de neutralité; que c'était pour rétablir les droits des nations qu'elles paraissaient les violer en entrant sur le territoire helvétique; mais que la justice de leur cause, la nécessité de parvenir à la paix en poussant vivement la guerre, les justifiaient aux yeux de l'Europe et de la postérité; qu'il n'y avait point de véritable neutralité pour un Etat qui ne jouit point d'une véritable indépendance, et qui est gouverné par une volonté étrangère. Or, telle était évidemment la situation de la Suisse, dominée par Napoléon, qui s'était déclaré le *médiateur* de sa confédération.

Aux français, les puissances annonçaient qu'elles allaient franchir leurs frontières; qu'elles ne faisaient point la guerre à la France : « Nous » repoussons, disaient-elles, le joug que votre

» gouvernement voulait imposer à nos pays qui
» ont les mêmes droits à l'indépendance et au
» bonheur que le vôtre.

» Le maintien de l'ordre public, le respect
» pour les propriétés particulières, la discipline
» la plus sévère, marqueront le passage des ar-
» mées alliées. Elles ne sont animées de nul esprit
» de vengeance; elles ne veulent point rendre
» à la France les maux sans nombre dont la
» France, depuis vingt ans, a accablé ses voisins et
» les contrées les plus éloignées... La seule con-
» quête qu'ils ambitionnent est celle de la paix...
» Nous espérions la trouver avant de toucher au
» sol français : nous allons l'y chercher. »

Pourquoi les effets n'ont-ils pas toujours pu répondre à de si nobles dispositions?

En disant qu'ils étaient forcés de *venir chercher la paix en France*, les alliés faisaient allusion à leur célèbre déclaration *du 1er décembre*, et aux circonstances de sa promulgation. Par cette déclaration, ils avaient annoncé qu'ils avaient offert à Napoléon une paix encore glorieuse, et qui ne lui ôtait que son excessive prépondérance en Allemagne. Celui-ci déclara de son côté qu'il en avait accepté sans restriction *toutes les bases*, qu'il avait transmis cette acceptation aux puissances belligérantes *dès le 5 décembre*; et par un article *semi-officiel*, publié à Paris le 4 janvier, il se plaignit amèrement de ce que les alliés n'avaient fait imprimer et répandre leur déclaration que le 6 et le 7 du même mois de décembre, après avoir reçu son acceptation. Il représentait cette conduite comme un acte de mauvaise foi à son égard, et une preuve du peu de sincérité de leurs offres pacifiques. Ces circonstances sont à remarquer, comme se liant aux causes qui rendirent la paix impossible.

Cependant les mêmes principes de modération furent répétés dans les offices de même nature émis séparément au nom des diverses puissances, dans les premiers jours de janvier 1814, au moment où leurs troupes passaient le Rhin sur trois points différens. On peut remarquer que la proclamation du prince de Schwarzenberg, en date du 8 janvier, au quartier-général de Montbelliard, fut la première où le paysan armé, non revêtu d'un habit militaire, fut menacé de mort, et les communes qui se défendraient, vouées à l'incendie. C'est ainsi que de part et d'autre, on avait cherché, on cherchait encore à faire le plus de mal possible à l'ennemi, et que l'on ne trouvait injuste que celui qu'on en recevait.

A l'ouverture de la campagne, les forces ennemies se trouvèrent divisées en sept armées, dont cinq agissaient immédiatement contre la

France, et deux en Italie. Ces armées étaient les suivantes : 1°. Grande armée austro-russe, commandant en chef, le prince de Schwarzenberg : elle se composait des divisions autrichiennes de Collorédo, Wimpfen, Giulay, Bianchi, Bubna, Maurice et Louis de Lichtenstein; des divisions russes de Barclay-de-Tolly et Wittgenstein; des Bavarois en trois divisions, général en chef, le comte de Wrède; des Wurtembourgeois, sous le prince de Wurtemberg.

2°. Grande armée prussienne ou de Silésie, commandant en chef, maréchal Blücher; formée du corps d'Yorck en trois divisions, du corps de Kleist en trois divisions, du corps de Bulow en quatre divisions, des quatre corps russes de Tscherbatoff, Langeron, Sacken et Winzingerode, et des Saxons sous le prince de Saxe-Weymar et le baron de Thielmann.

3°. Grande armée suédoise, commandant en chef, le prince royal de Suède; formée du corps suédois, des cinq corps russes de Benningsen, Tettenborn, Dœrnberg, Benkendorf, Tchernitchef, dont le premier était resté devant Hambourg, et d'un corps d'anglo-allemands, troupes anséatiques et contingens des petits états de la Confédération.

4°. L'armée anglo-batave, commandant en chef, sir Thomas Graham.

5°. L'armée anglo-espagnole et portugaise, en-deçà des Pyrénées, commandant en chef, lord Wellington.

6°. L'armée autrichienne d'Italie, commandant en chef, le comte de Bellegarde.

7°. L'armée de Naples, aux ordres du roi Joachim, qui s'était joint à la coalition par un traité du 11 janvier 1814.

Les journaux français évaluaient à moins de deux cent mille hommes les trois grands corps qui opéraient sur le Rhin, évaluation évidemment trop faible; puisque la confédération du Rhin et les petites puissances allemandes avaient seules augmenté de cent quarante-quatre mille hommes les forces des coalisés, savoir : trente-six mille Bavarois, trente-deux mille Hanovriens, Brunswickois, Mecklembourgeois et troupes des villes anséatiques; vingt-trois mille trois cents Saxons; douze mille Hessois; neuf mille deux cents hommes de Berg, Waldeck, la Lippe, etc.; neuf mille deux cent de Wurtzbourg, d'Armstadt, Francfort, Issembourg et Reuss; douze mille Wurtembourgeois; et dix mille trois cents hommes de Bade, Hohenzollern et Lichtenstein. La Prusse et l'Autriche pouvaient avoir, entre elles deux, un effectif de deux cent cinquante mille hommes, et la Russie à elle seule, deux cent mille.

Les premières opérations marquantes furent

dirigées vers la Suisse. Tandis que le prince de Schwarzenberg y pénétrait dès le 21 décembre, sa division de Bavarois agissait du côté de Colmar, entrait dans cette partie de l'Alsace, où elle se battait le 24; Huningue fut bientôt bloqué et bombardé, et Béfort attaqué: la garnison se retira dans la citadelle.

Le 30 décembre, Genève secoua le joug de Napoléon, et força la garnison à se retirer. Le préfet, qui avait abandonné la ville, fut traduit devant une commission d'enquête : il s'ensuivit un décret qui chargeait les fonctionnaires publics, sous leur responsabilité, de contribuer à la défense du pays. Alors aussi le ton des journaux, dont l'esprit émanait directement du ministère de la police, prit plus de virulence : on y proposait sérieusement de faire faire la guerre par les femmes et les enfans; les femmes surtout devaient être très-utiles et opérer une grande destruction, en se vouant aux rôles de nouvelles Judith ou de viriles Débora.

Au premier janvier, la grande armée prussienne, aux ordres du maréchal Blücher, franchit le Rhin sur trois points; et tandis que la division Langeron observait Mayence, celles de Sacken, d'Yorck et de Kleist se portaient sur Pont-à-Mousson, Metz et Thionville. Le maréchal Marmont s'était retiré devant ces forces, et, le 19, il était à Saint-Mihiel. Le maréchal Victor, par suite des mouvemens des Autrichiens, avait aussi quitté Strasbourg, et repassant les Vosges, s'était arrêté sur la Meurthe en avant de Lunéville; tandis que le maréchal Ney se plaçait à Nancy. Le maréchal Macdonald, chargé de la défense du Bas-Rin, reculait de son côté devant l'armée du prince de Suède; et, le 18, son quartier-général était reporté jusqu'à Namur. En Hollande, les troupes anglaises du général Graham, secondées par les Hollandais et une division du prince de Suède, nous repoussaient jusqu'à l'Escaut, et attaquaient les places où nos garnisons s'étaient maintenues.

On annonçait très-sommairement à Paris ces mouvemens rétrogrades, comme le résultat des *dispositions générales*. On voulait qu'on y regardât, comme partie essentielle de ces dispositions, la libre entrée et les progrès de l'ennemi dans l'intérieur : mais dès-lors on élevait des doutes sur l'existence d'un plan combiné de défense; et l'on reconnaît aujourd'hui que l'affaiblissement, la désorganisation de l'armée sur les frontières, le peu de fond qu'il y avait à faire sur les nouvelles levées, les désordres de l'administration avaient rendu impossible tout effort pour se soutenir sur la ligne du Rhin, et en disputer le passage.

Sur ces entrefaites, on chargeait un officier d'un mérite distingué, le général Maison, de la défense d'Anvers; on publiait à Paris la formation de douze nouveaux régimens, dits volontaires et destinés à recevoir les ouvriers dont les ateliers avaient été fermés, assure-t-on, à dessein, afin de les mettre dans la nécessité de se faire tuer pour gagner leur vie; on annonçait la prochaine réception d'un négociateur français, le duc de Vicence, au quartier des alliés; on donnait de bonnes nouvelles du Midi, où l'on disait que du 9 au 13 décembre, lord Wellington avait *complettement échoué* dans ses projets; et sans jamais se dégoûter de ces impostures si habituellement alors démenties par l'événement, on représentait les Anglais, les Espagnols et les Portugais, comme près de se diviser.

Cependant Macon et Dôle avaient cédé à l'armée autrichienne, qui portait à-la-fois ses corps vers Nancy, vers Langres et vers Lyon. Le maréchal Mortier s'était retiré de Langres à Chaumont, toujours par suite *des dispositions générales;* le maréchal Augereau se portait à Lyon; le général Dessaix organisait la défense de la Savoie avec un courage, un dévouement dignes d'être employés pour la cause d'un autre maître; le maréchal Victor avait reculé jusqu'à la Meuse, pour se mettre en ligne avec le maréchal Marmont. Par tous ces mouvemens nos frontières étaient envahies de Lyon à Anvers, dans une profondeur de trente à quarante lieues en-deçà du Rhin; et pour tout résultat de ses *dispositions générales,* Napoléon n'avait encore fait que passer des revues à Paris. Mais enfin une armée était rassemblée sur le point de Châlons, entre la Marne et la Seine. Sa présence y devenait de plus en plus nécessaire. Il part; il confie la garde de sa femme et de son fils à la fidélité de la Garde Nationale parisienne, à laquelle d'autres combinaisons devaient plus tard les enlever (1), et, le 25 janvier, il quitte

---

(1) Napoléon parla, le 23 janvier, à la garde nationale, plus éloquemment qu'il n'avait fait, un mois environ auparavant, au Corps-Législatif. Il tenait par la main son épouse et son fils; il exprima des sentimens nobles et élevés, avec un accent qui paraissait partir de l'âme. Il émut profondément tous ceux qui l'entendirent; c'est un fait incontestable: on lui crut enfin un cœur. Qui l'imaginerait? cette scène de sentiment n'était qu'une scène de comédie. Toujours charlatan, toujours imitateur, il avait passé la journée de la veille à étudier, avec un acteur célèbre, ses poses, ses gestes, ses inflexions, enfin tous les moyens mimiques de *faire de l'effet.* On a su postérieurement cette anecdote de plusieurs dames du palais : et le jour même de la *représentation,* plusieurs assistans avaient trouvé qu'il avait dans la voix, beaucoup de ces tons propres à celui qu'ils ne savaient pas avoir été son maître.

cette Capitale qui ne devait plus qu'une seule fois être menacée de sa présence. Dès le 24, l'ennemi avait préludé aux coups sérieux qui allaient bientôt se porter, par le combat de Bar-sur-Aube, où le maréchal Mortier voulait conserver une position, après s'être replié de devant Chaumont. On communiqua en quelques lignes, à Paris et à la France, que les Autrichiens avaient attaqué ce maréchal à Fontaine, qu'il était resté maître du champ de bataille, et que ce premier succès avait électrisé l'armée. Il faut remarquer, une fois pour toutes, que le vague des désignations des lieux dans la rédaction des Bulletins, était une ruse de guerre, une manœuvre politique; que sans la carte ils sont souvent inintelligibles; mais qu'avec la carte on apprend que souvent tel général, qui *se porte* de tel à tel lieu, *recule* de l'un à l'autre; à moins que les autres circonstances ou expressions ne disent clairement qu'il s'agit d'un mouvement en avant. Dans cette première affaire l'ennemi nous força, en définitif, à évacuer Bar-sur-Aube: ce qui était le but de son attaque; et le maréchal Mortier, après avoir tenu en effet longtemps dans une belle position au pont de l'Aube, abandonna la ville pendant la nuit, et se retira sur Troyes.

Les mouvemens du maréchal Blücher se combinaient avec ceux de l'armée austro-russe; il avançait de la Lorraine sur la Haute-Marne, pour la passer, et opérer sa jonction avec le prince de Schwarzemberg. Chemin faisant, ses divisions enlevèrent, les 23 et 24 janvier, Ligny et Saint-Dizier : il poussa un de ses corps sur Brienne, pour établir sa communication avec les troupes qui occupaient Bar-sur-Aube. Ce fut dans ces positions, et pour prévenir la réunion complète des deux armées ennemies, que Napoléon se hâta d'attaquer, le 27, la partie de l'arrière-garde Prussienne, qui attendait encore la division d'York à Saint-Dizier. Le retard de ce corps donna aux Français la supériorité sur le général Lauskoï, qui était en outre affaibli dans Saint-Dizier par la marche du général Tcherbatoff sur Brienne : il en fut chassé le 27 au matin; et on se hâta d'annoncer que cette affaire plaçait Napoléon sur les derrières de l'ennemi, et délivrait Nancy. Cependant Blücher, qui s'attendait à cette attaque, continuait son mouvement de concentration sur Brienne, au sud de Saint-Dizier; il ralliait le corps de Lauskoï qui s'était retiré vers Joinville, et recevait les renforts de la grande armée autrichienne qui se mouvait de Chaumont, et avait déjà porté les corps du prince de Wurtemberg et de Giulay à Bar-sur-Aube, et en avant sur la route de

Brienne. Avec ces dispositions, le maréchal attendait que les Français prononçassent leur mouvement offensif. Il connut bientôt que Napoléon en personne marchait sur Brienne et qu'il avait appelé de Troyes et de l'Aube les troupes du maréchal Mortier pour fortifier sa droite. Le maréchal Blücher se retirait vers les Autrichiens qui s'avançaient pour l'appuyer, lorsque nous parûmes devant Brienne le 29 janvier après midi; il se détermina à y recevoir le combat. Il fut terrible. Les rapports des deux partis diffèrent en quelques circonstances. Par exemple, les ennemis disent que ce fut le feu redoublé de l'artillerie française qui embrâsa la ville, et qu'ainsi Buonaparte lui-même brûla le berceau de sa gloire. (On sait qu'il avait été élevé à l'école militaire de Brienne.) Tandis que le général Alsufieff la défendait avec vigueur, les alliés attaquaient notre gauche, où Napoléon était faible en cavalerie. La journée fut long-temps indécise; elle eut pu être tout-à-fait à l'avantage des alliés, s'ils eussent mieux gardé le château de Brienne, où le chef d'état-major du général Victor parvint à s'introduire à la faveur de la nuit. Ce fut là qu'il y eut un grand carnage dans l'action partielle qui s'engagea pour reprendre ce poste. Il resta au pouvoir des Français; mais ils ne purent empêcher le maréchal

Blücher de continuer le mouvement rétrograde qu'il avait commencé vers Bar-sur-Aube. Nos colonnes l'y suivirent le 30. Le maréchal Victor et le général Grouchy prirent une belle position aux villages de la Rothière et de Dienville. Napoléon prétend qu'il n'avait envoyé là qu'une partie de ses troupes, pour former son arrière-garde, tandis qu'il réparerait le pont de Lesmont, et passerait l'Aube pour opérer sur les colonnes qui se dirigeaient par la route d'Auxerre et de Sens. Selon le rapport de Blücher, les forces qu'il développa étaient supérieures à l'armée Prussienne. Elles étaient placées, le centre à la Rothière, la droite à Dienville et la gauche à Chaumenil.

De leur côté, les alliés se fortifiaient de toutes parts. Le général Yorck était arrivé le 30 à Saint-Dizier, qu'il avait repris. Le comte Wittgenstein était entré dans Vassi, et avait prévenu sur ce point le comte de Wrède, qui avançait aussi avec ses Bavarois par Joinville, et qui se porta vers notre gauche, que le prince de Wurtemberg devait attaquer. La division Giulay était en ligne pour combattre contre notre droite; celle de Sacken était dirigée sur notre centre à la Rothière. Des colonnes de grenadiers Russes étaient en réserve. De part et d'autre il y eut de soixante-dix à quatre-vingt mille hommes en action : la bataille commença vers midi. Le prince de Wurtemberg l'engagea par l'attaque de Chaumenil et de la ferme de la Gibérie, où était placé le maréchal Victor. Cette position fut disputée avec acharnement pendant trois heures; le prince la prit, en fut chassé, et la reprit et s'y maintint avec de grands efforts. Notre centre envoya alors des renforts à la gauche. Le général Sacken profita de ce mouvement pour l'attaquer avec toute son infanterie en colonnes serrées, et parvint jusqu'à l'église de la Rothière. Le combat y devint acharné et dura jusqu'à minuit. Buonaparte chargea lui-même à la tête de la jeune garde pour reprendre cette position; Blücher s'y porta pour la défendre et la conserver. Le premier eut un cheval tué sous lui; un cosaque fut frappé à côté du second : à minuit l'ennemi resta maître de la position. La division Giulay ne put pas non plus occuper plutôt celle de Dienville, que défendait le général Gérard. Le comte de Wrède avait forcé le maréchal Marmont à Morvilliers, d'où celui-ci s'était retiré vers Vitry. Le corps de Sacken nous enleva trente-deux canons, le général Wrède vingt-six, le prince de Wurtemberg onze, en tout soixante-neuf pièces. Le nombre des prisonniers fut évalué à quatre mille. L'empereur Alexandre et le roi de Prusse animaient leurs troupes par leur présence. Ils s'étaient placés au centre devant la Rothière. Ce combat fit beaucoup d'honneur au maréchal Blücher dans l'opinion des alliés. Le prince de Schwarzemberg, qui avait fait marcher avec célérité et intelligence les renforts dont le maréchal Blücher avait besoin, reçut une épée de l'empereur Alexandre sur le champ de bataille, et le prince de Wurtemberg et le général Wrède, furent décorés de l'ordre de Saint-Georges. Buonaparte nous présenta cette affaire comme un *engagement d'arrière-garde. Le combat avait cessé à la nuit après une vive canonnade : l'armée avait continué sans obstacle ses manœuvres de concentration, et leur objet avait été complettement rempli.*

On peut croire aujourd'hui que cet objet avait été complettement manqué : il paraît en effet qu'il compta prendre en défaut à Brienne l'armée de Silésie, qui n'était que de cinquante mille hommes ; qu'il s'y porta en forces supérieures ; et qu'après son premier succès, les manœuvres de Blücher le conduisirent à s'engager contre une partie considérable des armées alliées réunies, qui le repoussèrent sans même que toutes leurs divisions prissent part à l'action.

Quelques villages qui s'étaient armés furent soumis à l'exécution militaire. Cette rigueur était dans les lois de la guerre : elle pouvait n'être pas dans celles de la politique, et semble supposer que celle des cabinets alliés n'avait encore rien de bien arrêté sur le sort éventuel de la France.

Napoléon, pendant le reste de la nuit, après la cessation de l'action, se retira sur Brienne. Il passa l'Aube le 2 février au pont de Lesmont; le 3 à midi, il entrait à Troyes. Il avoue deux ou trois mille hommes tués ou blessés, et évalue au double la perte de l'ennemi. Cette dernière évaluation peut être assez exacte, puisqu'elle fut confirmée par les relations des feuilles étrangères : mais nos pertes sont évidemment atténuées.

Les alliés, poursuivant leur succès, marchèrent vers Paris sur deux directions. Le prince de Schwarzenberg suivit les rives de la Seine; Napoléon évacua Troyes la nuit du 7 au 8 février. Les alliés y furent bien reçus; ils continuèrent leur mouvement vers Sens, Nogent et Méry. Le prince de Wurtemberg entra le 11 dans la première de ces villes, dont la garnison lui opposa une vive résistance. Le maréchal Blücher s'était rapproché de la Marne : sa division, aux ordres du général Yorck, avait fait évacuer Châlons le 5. Le maréchal Macdonald s'y était porté de la ligne de la Meuse, où opérait une partie de l'armée du prince de Suède, dont les premiers corps, après avoir occupé Dinant et Philippeville, s'étendaient vers Reims. Le 9 février, le quartier général prussien s'était avancé de Vertus à Etoges; les divisions de Sacken et d'Yorck occupaient Montmirail et Château-Thierry, et poussaient leurs partis jusqu'à la Ferté-sous-Jouarre et Meaux. Napoléon, de la position de Nogent, observait ces divers mouvemens. Il était débordé sur ses deux flancs; il voyait l'ennemi au cœur de son empire, et les plus belles provinces exposées à tous les fléaux qu'entraîne la guerre, et que nos propres troupes, il faut bien l'avouer, augmentaient encore par leurs pillages et leur indiscipline. Le mal était extrême, et ses conséquences également graves. Les esprits s'exaspéraient : on en était à se demander de quel côté se trouvait l'ennemi le plus dangereux de la France. Les Français fuyaient devant les Français ; et pour arrêter le mal, Napoléon, qui n'avait su assurer ni la paie ni les subsistances de son armée, eut recours à une proclamation, afin de l'empêcher de vivre aux dépens du pays. Cette pièce nous paraît, sous ce point de vue, appartenir à l'histoire. Nous allons la donner ici, d'autant plus qu'elle ne fait point partie du recueil des pièces officielles, qu'on ne la répandit que dans l'armée, et qu'on eut soin de n'en pas entretenir Paris.

Ordre du jour daté de Nogent le 8 février.

« L'Empereur témoigne son mécontentement
» à l'armée sur les *excès* auxquels elle se livre.
» Ces *excès* qui sont blâmables dans toutes cir-
» constances, deviennent le plus grand crime
» lorsqu'ils sont commis sur notre propre terri-
» toire. Les chefs de corps et les généraux sont
» prévenus qu'ils sont responsables de ces *excès*.
» *Les habitans fuyent par tout, et l'armée qui*
» *doit défendre le pays en devient le fléau.*
» Les trains d'artillerie et les équipages sont dé-
» signés comme se portant aux plus grands *ex-*
» *cès*. Les chefs de ces corps doivent spéciale-
» ment prendre des mesures pour les faire ces-
» ser. »

Napoléon, pour s'attacher le soldat, pour lui faire supporter toutes les fatigues, tous les maux auxquels il le livrait, lui avait permis, sur le pays ennemi, les plaisirs de l'indiscipline : il recueillait sur le sien les fruits de cette odieuse politique. Nous n'ajouterons qu'un mot, sinon d'excuse, du moins d'explication : L'ARMÉE MANQUAIT DE TOUT.

Les circonstances étaient critiques : l'opinion se soulevait contre le chef de l'Etat. La fortune l'avait abandonné ; et rien encore, dans cette campagne, n'annonçait qu'on pût se rassurer sur ses talens. Il lui fallait, pour le relever, quelqu'un de ces coups extraordinaires que lui-même avait voulu qu'on attendît de lui. Après quelques mouvemens irrésolus, il quitte Nogent et court vers les Prussiens pour chercher à rétablir sa gloire aux dépens de celle de Blücher. On crut que cette résolution avait été décidée par les échecs du corps d'armée qui avait évacué Châlons, et par le danger plus imminent qui, de ce côté, menaçait Paris. Il pourrait se faire aussi que la haine particulière qu'il avait vouée aux Prussiens et à leur général, fût entrée pour quelque chose dans le parti qu'il prit de les attaquer. Quoi qu'il en soit, il lui réussit complètement pour l'instant. On rendit justice à la rapidité de sa marche, à la hardiesse de ses manœuvres. Il eut enfin un succès brillant, mais qui ne le soutint un moment que pour le faire retomber plus bas bientôt après ; lorsqu'on eut reconnu, par la suite des événemens, l'insupportable vanité, la mauvaise foi de ses éternelles exagérations.

Le général Alsufieff, qui liait à Champ-Aubert

le corps du maréchal Blücher à celui de Sacken, y fut attaqué et culbuté avec une grande vivacité. Nos bulletins évaluent sa force à douze régimens, qui ne formaient qu'un effectif de huit mille hommes et quarante pièces d'artillerie. On fit arriver aux Tuileries, pendant une parade, un courrier annonçant que tout était tué ou pris, avec le général lui-même, que l'on nommait *Ousouwieff*. Cette première nouvelle se réduisit à deux mille prisonniers et trente pièces de canons. Par ce succès, au reste, le général Sacken, pris à dos, se trouva compromis. Il rallia la division d'Yorck, et le 11 il attaqua les Français, qu'il supposait forts de trente mille hommes. Cette action, que nous appelons la bataille de Montmirail, fut très-vive, sur-tout au village de Marchaix, qui fut pris et repris trois fois, et à la ferme de l'Epine-aux-Bois, où l'ennemi avait une batterie formidable de quarante canons. Le général Sacken avoua la perte de quatre canons; nous évaluâmes celle des hommes à huit mille tués et prisonniers. Le 12, il opéra sa retraite sur Château-Thierry, où Buonaparte le suivit, espérant que par la destruction du pont de bateaux de l'ennemi, les habitans l'auraient livré entre ses mains; mais on ne put lui fermer ce passage. On lui prit du moins deux mille hommes et trois canons. Sacken continua de s'éloigner vers Soissons et Reims. Selon nos rapports, il ne lui restait pas dix mille hommes. On ne sait pourquoi le maréchal Blücher resta le 12 dans sa position, entre Etoges et Bergères : mais, le 13, il se détermina à attaquer le maréchal Marmont qui s'était porté vers Etoges avec neuf à dix mille hommes, et le mena battant jusqu'au-delà de Champ-Aubert. Ce mouvement ramena Napoléon en toute hâte de la poursuite de Sacken. Il fit de nuit, avec sa garde et un gros corps de cavalerie, une marche forcée pour se réunir à la division Marmont, et le 14, à huit heures du matin, il fit attaquer l'ennemi qui venait de prendre position à Vauchamp. Ce village fut disputé avec le dernier acharnement. Cependant Blücher, plus faible en cavalerie, se décida à la retraite et forma son infanterie en carrés. Nos Bulletins dirent que quatre de ces carrés furent, en différentes charges, enfoncés. Des rapports de l'ennemi assurent que nous ne pûmes les entamer. Ici l'exagération est de leur côté. Napoléon avait envoyé de la cavalerie sur les derrières du maréchal prussien: celui-ci fut obligé de la rompre sur la grande route qu'elle occupait vers Champ-Aubert. A Etoges il trouva encore de l'infanterie française que, bien qu'il fût nuit, il fallut attaquer pour pouvoir continuer la retraite Les généraux Kleist et Kaufsiewitz forcèrent le passage. Le maréchal Blücher s'arrêta à sa première position, rallia à Châlons les corps d'Yorck et de Sacken, et se fit renforcer par les corps de Langeron et de Saint-Priest, attendant l'occasion de reprendre l'offensive. Après ses pertes de Champ-Aubert, Montmirail et Vauchamp, il lui restait cinquante à soixante mille hommes. Dans son rapport sur ces affaires, il dit qu'elles lui coûtèrent trois mille cinq-cents hommes tués ou prisonniers. Nous assurâmes que l'armée de Silésie, forte de quatre-vingt mille hommes, était *complètement anéantie*, qu'elle avait laissé en notre pouvoir dix mille prisonniers et seulement dix canons. Il était donc resté encore un assez bon nombre d'hommes de cette *armée anéantie* pour emmener les autres. Les habitans rapportent, néanmoins, qu'une bien plus grande quantité fut jetée dans les champs. Ce succès, présenté comme un chef-d'œuvre de tactique, fut, jusqu'à un certain point, balancé par la perte de Soissons, où, après un combat heureux d'avantgarde, livré le 13, entre cette ville et Laon, le général Winzingerode entra de vive force le 14, et prit trois mille hommes et treize canons. Le brave général Rusca y fut tué.

Dans la joie qu'avaient produite les nouvelles précédentes, le Gouvernement voulut donner à Paris le spectacle d'une sorte de triomphe. On y fit entrer en plein jour le général Alsufieff et d'autres officiers de marque; on y promena, le 18 février, le long des boulevards, une colonne de six mille prisonniers. La générosité française, qui ne voit plus que l'homme dans l'ennemi malheureux et désarmé, se signala en cette occasion d'une manière d'autant plus noble, que ce même ennemi traitait nos campagnes, et aurait probablement alors traité Paris avec beaucoup moins d'humanité. Toutes sortes de secours furent prodigués à cette colonne : on crut, dans le temps, que le Gouvernement en avait été plus surpris que satisfait, et que ce n'était pas là l'effet qu'il avait voulu produire.

Au reste, il est incontestable que Paris, où les Prussiens n'accouraient qu'avec des sentimens de haine et de vengeance, fût alors sauvé, et qu'on doit rendre à Napoléon la justice qu'il s'en réjouit sincèrement : tant il sentait combien son sort tenait à la conservation de la Capitale.

Mais tandis qu'il refoulait les corps de Blücher sur Epernay et Châlons, les routes de la Seine restaient ouvertes à l'armée austro russe du prince de Schwarzenberg. Les Français abandonnèrent la rive gauche en détruisant les ponts que rétablirent les alliés, et bientôt ceux-ci se montrèrent en grande force sur la droite, où ils semblaient vouloir opérer une diversion en faveur de Blücher. Les divisions Wrède et Wittgenstein s'étendaient jusqu'à Provins; elles marchaient par Nangis sur Melun, tandis que Bianchi et Platoff se portaient de Montereau à Fontainebleau, où ils entraient le 17. Napoléon se vit donc obligé de revenir de la Marne à la Seine. Il y fit transporter partie de sa garde en poste, et attaqua, le 17, le corps de Witgenstein, qu'il battit au combat de Nangis, et à qui il fit éprouver une grande perte en hommes et en artillerie. Nous l'évaluâmes à six mille prisonniers, dix mille fusils, seize canons et quarante caissons. Ce général repassa la Seine, ainsi que le comte de Wrède, qui fut débusqué de sa position de Villeneuve. Napoléon accusa le général Lhéritier d'avoir laissé échapper les Bavarois, qui étaient perdus, dit-il, si cet officier, d'une bravoure reconnue, eût chargé comme il le devait. Ces deux corps en retraite découvrirent Montereau, où le prince de Wurtemberg était en position. Napoléon eut voulu le prévenir et en occuper le pont. Ici encore il rejeta sur le maréchal Victor la faute d'un retard dans la marche des troupes ; marche qui cependant paraissait ne pouvoir pas être plus prompte. L'ennemi, malgré nos attaques, se maintint sur la rive droite de la Seine pendant toute la journée. Enfin il fut forcé à opérer sa retraite sur la rive gauche : on l'y poursuivit. Les maréchaux Macdonald et Oudinot furent laissés sur la rive droite pour la nettoyer.

L'ennemi, par ces manœuvres, avait presque perdu tout le terrain qu'il avait gagné depuis Brienne, et reculait aussi rapidement qu'il avait avancé. Ces avantages parurent porter outre mesure les espérances présomptueuses de Napoléon, et l'on assura généralement qu'il déchira en ce moment des conditions de paix que lui transmettait son ministre aux conférences de Châtillon, en s'écriant : *Je suis à présent plus près de Vienne qu'ils ne le sont de Paris.* Nous n'avons point parlé jusqu'ici de ces négociations sans résultat, pour ne point interrompre le fil des événemens ; mais l'on sait que, vers cette époque, on lui proposait la France avec à peu près ses anciennes limites ; qu'un conseil de régence extraordinaire et secret, appelé à délibérer sur ces conditions, fut d'avis de les accepter à la presque unanimité ; que Napoléon, qui s'attendait à plus de sacrifices, plus de dévouement de la part de *son peuple*, pour soutenir son ambition personnelle, en fut irrité; qu'enfin, avant de se résoudre à cette paix, il voulut tenter si le sort des armes lui serait plus favorable que les délibérations du conseil. Sa fortune le trahit en le caressant : il perdit tout, pour avoir cru qu'il avait tout gagné.

Au reste, le prince de Schwarzemberg parut renoncer alors à opérer par divisions isolées, et il montra l'intention de faire rapprocher le maréchal Blücher de la Seine. Lui-même y tenait encore la position de Troyes. Napoléon s'y porta le 24. Il y eut en avant de belles charges de cavalerie : cependant il ne put que gagner les faubourgs et fut repoussé de la ville même que l'ennemi, en suivant son plan, lui abandonna le 25 au matin. Napoléon prétendit qu'il avait *consenti* à cette évacuation pour obtenir que la ville ne fût pas brûlée.

Par l'effet des mouvemens de concentration, Blücher, dont l'armée affaiblie par ses derniers combats, se renforçait des corps de Bulow, Winzingerode, Woronsof et Saxe-Weymar, avait marché sur la Seine, par Méry qui fut brûlé. On présume qu'il voulait se joindre à la grande armée pour livrer une bataille générale; mais tout-à-coup il se porta en arrière sur Sésanne, où, le 24, il attaquait le maréchal Marmont. Napoléon, occupé à suivre les Autrichiens, divisa ses forces pour inquiéter les derrières de l'armée de Silésie; tandis que les maréchaux Victor, Oudinot et Macdonald, entraient de vive force dans Bar-sur-Aube : mais le prince de Schwarzemberg ordonna une attaque générale qui nous en débusqua avec perte, le 27 février. Nous en retirâmes plus de trois mille blessés. Du 28 février au 2 mars, nous perdîmes Bar-sur-Seine, après la défaite du maréchal Macdonald à la Ferté. Le prince de Wurtemberg rentra à Sens, et l'ennemi put détacher des renforts au général Bubna, contre lequel le maréchal Augereau, qui avait reçu à Lyon un beau corps de seize mille hommes tirés de l'armée d'Espagne, avait pris l'offensive.

Ce fut le 1er mars que les ministres des Empereurs de Russie et d'Autriche, et des Rois d'Angleterre et de Prusse, signèrent à Chaumont le traité d'une ligue de vingt ans, dont le but était de forcer la France à souscrire à une paix qui assurât l'indépendance de l'Europe, et de garantir pour l'avenir les conditions de cette paix, en s'engageant réciproquement à se porter au secours les uns des autres, ainsi que des puissances qui auraient accédé au traité. La Prusse et l'Autriche devaient dès-lors réunir cent cinquante mille hommes chacune sous les armes.

Ce traité n'était pas l'ouvrage de puissances désunies, sans plan, et toujours battues, ainsi que ne cessait de le répéter Napoléon : leur accord n'était pas fait non plus pour ralentir les manœuvres militaires. Aussi, dès le cinq de mars, nous étions forcés à évacuer Troyes avec perte de trois mille prisonniers et de 10 canons. En nous retirant nous fîmes sauter le pont de Nogent, et Napoléon abandonna encore une fois les opérations de la Seine pour se porter sur la Marne, d'où Blücher menaçait de nouveau la ville de Meaux et la route de Paris.

La division Marmont, en retraite depuis Sésanne, avait joint, le 26 février, le maréchal Mortier à la Ferté-sous-Jouarre. Buonaparte y était rendu le 1er mars. Le général Bulow, qui occupait Laon, s'était emparé de la Fère le 26 février : il y trouva des magasins d'artillerie et d'équipages, évalués à plus de vingt millions. Le 2 mars, il se rencontra avec le général Winzingerode devant Soissons où nous étions rentrés, et que défendaient environ mille quatre cents Polonais. L'ennemi n'osa pas risquer un coup de main. Il entama une négociation et fut assez heureux pour persuader au commandant de rendre la ville. Cet événement eut, dans les circonstances, les conséquences les plus décisives. Blücher avait passé sur la rive droite de la Marne, à l'approche des forces que ralliait Napoléon. Il avait éprouvé des échecs sur l'Ourcq, à Lisy et à May. Marmont et Mortier poussèrent vivement son arrière-garde le 3, à Neuilly-St-Front. Un corps français, détaché sur Reims, y entrait le 5, et coupait les communications entre l'armée de Silésie et celle du prince de Schwarzemberg. Dans son mouvement de retraite, Blücher fut très-heureux de se trouver maître du passage de Soissons, et il prit une belle position à Craone, entre Soissons et Laon, faisant occuper cette dernière ville par le général Bulow, pour assurer ses derrières ainsi que ses communications avec la Belgique.

La fortune de Buonaparte lui réservait à Craone, et quelques jours après à Reims, ses dernières faveurs. Le 7 mars, il força l'ennemi à Craone, dans de très-belles positions, mais où il ne put développer ses forces, qui étaient de quatre-vingt mille hommes. D'ailleurs, malgré l'ardeur des troupes et des généraux, nous échouâmes dans plusieurs manœuvres, surtout dans nos tentatives pour déborder l'ennemi. Lui-même ne fit pas tout ce qu'il voulut, mais il ne perdit pas un canon, pas un prisonnier. L'artillerie joua de part et d'autre d'une manière terrible. Des deux côtés les pertes furent grandes et passèrent cinq ou six mille hommes. Du nôtre, les maréchaux Ney et Victor se battirent avec la plus rare intrépidité. Le dernier fut grièvement blessé, ainsi que les généraux Grouchy et Laferrière. Le 8, toute l'armée de Blücher fut concentrée devant Laon, où il avait résolu de nous attendre et d'accepter un combat décisif. La division Bulow occupait, au centre, la ville et le plateau; celles de Langeron, Sacken et Winzingerode formaient la droite; et celles d'Yorck et de Kleist, la gauche. Napoléon ordonna une attaque dont ses officiers ne purent lui faire sentir ou avouer l'extrême danger. Il fut battu en personne complètement, le 9 et le 10 mars. Le Bulletin de cette affaire fut très-court. On nous dit qu'on avait reconnu (il aurait fallu ajouter: *un peu tard*) que les hauteurs de Laon étaient inattaquables, et qu'on avait pris position. Le 9, le fort de l'action s'était porté à la gauche de l'ennemi, qui nous repoussa et nous enleva de quarante à cinquante canons. Le lendemain Napoléon renouvela le combat par sa gauche, contre le centre et la droite des Prussiens. On attribua cette attaque obstinée au dessein de faciliter au maréchal Marmont battu les moyens de se rallier. Tous nos efforts furent inutiles, et nous nous retirâmes en désordre et avec une perte considérable.

L'exaspération de Napoléon fut portée à son comble : il essaya de soulever toute la population, et d'exciter une guerre d'extermination contre l'ennemi. Celui-ci opposa à ces manœuvres des proclamations menaçantes et des exemples terribles. Il dévoilait l'épuisement des ressources et toute l'inutilité des efforts d'un chef qui refusait la paix qu'on lui offrait encore, et qui, au lieu de se résoudre aux sacrifices partiels qu'on lui demandait, se disposait à tout perdre plutôt que de rien abandonner. Cette résolution insensée, ce jeu barbare où Napoléon nous jouait en détail sur des champs de bataille, nous rappellent ce passage du discours qu'on avait fait tenir cinq mois auparavant à l'Impératrice, lorsqu'elle vint demander au Sénat la déclaration de guerre contre son père. « Je » connais mon époux, disait-elle, je sais com- » bien il serait *agité* sous une couronne sans » gloire et sur un trône avili. » Il tardera peu désormais à se mettre dans la nécessité de se reposer de toute agitation.

Cependant il nous présentait Blücher *arrêté* à Laon, les ennemis *sans plan* et n'ayant voulu que nous effrayer par un *hourra* général sur Paris. Sur ces entrefaites, le comte de Saint-Priest s'était avancé avec environ seize mille hommes de Châlons sur Reims, où il força, le 12 mars, le général Corbineau. Napoléon y accourut le lendemain, et attaqua avec des forces infiniment supérieures, l'ennemi qui osa soutenir et perdit ce combat inégal. Nos avantages furent la conquête de vingt-deux canons et quelques milliers de prisonniers. Le général Saint-Priest y fut grièvement blessé. Cette circonstance fournit à Napoléon l'occasion d'un nouveau trait de charlatanisme, et il annonça que le coup était parti de *la même batterie* qui avait tué l'infortuné Moreau. Ainsi le canon était sa providence pour punir les Français ennemis de sa cause : il faut convenir que pour les atteindre tous, il lui aurait fallu plus de canons qu'il n'en avait jamais eu.

A la suite de ce succès l'on détacha un petit corps sur Epernay, pour en déloger l'ennemi qui y tenait position avec cinq mille hommes, depuis le 11 février. Ce corps se mit en retraite sur Vertus pour se rallier à Blücher, et fit sauter le pont, mais incomplettement. On avait forcé des ouvriers à achever la démolition. Ceux-ci n'y travaillèrent qu'à demi, et s'enfuirent dès que nos tirailleurs approchèrent (1). Epernay reçut le 17, avec transport, Napoléon à la tête

---

(1) En avouant nos revers et les fautes de celui qui en fut l'auteur, nous nous faisons également un devoir de rendre justice aux traits de courage qui honorent le caractère français dans cette dernière et funeste campagne. C'est ainsi que nous ferons connaître ici l'héroïsme de la petite ville d'Epernay, lorsqu'elle fut attaquée dans la nuit du 11 février. Elle n'avait que 60 hommes de gardes nationales armés; et un corps de garde de huit hommes tenait le pont. La sentinelle tua deux cavaliers qui cherchaient à la surprendre; les huit hommes sortirent : il était nuit, et 2000 cavaliers ennemis, attaqués par ces huit hommes, s'enfuirent à une lieue et demie, jusques aux bois de Reims. Le lendemain ils revinrent, et les habitans, sans forces réelles, mais ayant persuadé à l'ennemi qu'ils étaient en état de défense, firent un arrangement par lequel ce dernier consentit à ne point occuper la ville, moyennant qu'elle fournirait à tous ses besoins : ce qui fut exécuté avec le plus grand soin.

Le 21 mars, un corps de 20,000 hommes de l'armée de Silésie s'y présenta; et le général Vincent, qui commandait, ayant soutenu l'attaque pendant trois heures, avec 1500 gardes nationales et 1200 hommes de ligne, fut forcé de se retirer, abandonnant Epernay, que l'ennemi livra pendant 48 heures au pillage. La conduite précédente des habitans et leur courage toujours honorable aux yeux d'un ennemi généreux, méritaient sans doute un traitement moins sévère.

de 40 mille hommes de sa garde. Il avait jeté un voile si épais sur les événemens, qu'au milieu de ses perpétuelles marches et contre-marches, on le croyait presque partout vainqueur. Ses Bulletins ne parlaient que de succès; il y faisait principalement une guerre heureuse aux généraux ennemis qu'il y tuait à volonté, tels que les généraux Sacken, Langeron, etc. etc., que nous n'avons pas moins revus à Paris parfaitement ressuscités.

Les événemens de la Marne avaient laissé toute liberté à l'armée austro-russe qui manœuvrait sur la Seine. Le 16 mars, la division Wittgenstein avait pénétré jusqu'à Provins, que couvrirent les maréchaux Macdonald et Oudinot : il y eut un fort engagement d'artillerie. Maître d'Epernay et de Châlons, où le maréchal Ney était entré le 16, Napoléon se détermina encore une fois à se porter sur l'Aube, pour essayer de tourner le prince de Schwarzemberg et les Monarques alliés qui étaient le 18 à Troyes, d'où ils se retirèrent à Bar-sur-Aube. Napoléon arriva à Arcis-sur-Aube le 20 au matin.

L'on annonçait à Paris que ce mouvement jetait beaucoup *d'incertitude* dans ceux de l'ennemi. Il paraissait en effet reculer; mais après avoir cédé Arcis-sur-Aube, non sans une vigoureuse résistance, il engagea, le 21, une vive escarmouche qui semblait nous inviter à nous déployer devant des forces en apparence peu considérables. Nous n'évitâmes ce piége que pour céder à une attaque générale, et nous nous mîmes en retraite vers le nord-est sur Vitry, après avoir laissé dans Arcis une grande quantité de morts et de blessés. Le prince royal de Wurtemberg, chargé de conduire l'assaut, et le prince Charles de Bavière, s'y distinguèrent par leur courage. Le 23, notre arrière-garde perdit encore vingt-trois canons et cent caissons.

On supposa que par toutes ces marches, Napoléon cherchait, pour ainsi dire, comme le *lion rugissant*, à tourner autour de l'ennemi, à surprendre des corps isolés et à les battre en détail : mais tant de fatigues épuisaient son armée, qui ne se recrutait plus que difficilement et avec de nouvelles levées, que la force et la crainte conduisaient jusqu'au champ de bataille, où souvent elles pliaient sans résistance.

On croit que pour se renforcer, il se détermina à faire sa pointe sur les frontières de la Lorraine. On avait fait en effet, depuis un certain temps, partir de Paris des agens adroits et qui paraissaient voyager pour diverses affaires. Ils portaient cachées, dans des manches de couteaux, des instructions précises aux garnisons des places sur le Rhin, pour les faire sortir en campagne et se réunir en une armée avec laquelle Napoléon espérait opérer sa jonction par la Lorraine, et aurait peut-être donné alors de sérieuses inquiétudes à l'ennemi; mais ces précautions tardives échouèrent complettement. Les porteurs des ordres précédens ne purent remplir l'objet de leur mission, et plusieurs furent pendus comme espions, en cherchant à pénétrer dans les places qui leur étaient désignées.

Sur ces entrefaites, les nouvelles du Midi préludaient au dénouement de la crise; on savait à Paris que Bordeaux était occupé par les Anglais, et que cette partie de la France appelait les Bourbons. Le maréchal Augereau avait abandonné Lyon aux Autrichiens, sous les ordres du comte de Bubna; le maréchal Blücher, maître de Châlons-sur-Marne, se rapprochait, pour ne plus s'en séparer, du prince de Schwarzenberg; et cette réunion complète des deux armées d'opération, en rejetant Napoléon sur la Lorraine, le coupait entièrement de Paris, dont les alliés regardèrent dès-lors la prise comme inévitable. Le prince de Schwarzenberg annonça ces grands résultats par une proclamation datée de Pougy, le 23 mars. Il faisait connaître à la France sa véritable situation; il invitait ses propres troupes à ne pas se venger sur une grande nation de l'inflexibilité de celui qui la dominait; il déclarait enfin que ce chef inflexible avait refusé la paix à Châtillon. Les alliés avaient déjà publié que, le 15 mars encore, il était maître d'accepter la souveraineté de la France telle qu'elle était en 1792, et qu'il rejeta toutes ces propositions. Il n'a jamais daigné justifier ces refus qu'en alléguant que les ennemis ne voulaient pas sincèrement traiter avec lui, et que s'il eût accepté leurs conditions ils auraient trouvé, dans le peu de bonne-foi dont il les accusait, quelque subterfuge pour ne les pas exécuter.

La principale force qui nous restât pour couvrir Paris, après la marche de Napoléon sur Vitry et Saint-Dizier, étaient les deux divisions Marmont et Mortier, faisant partie de l'armée du maréchal Macdonald, et qui présentaient environ vingt-cinq mille homme. Elles se firent hacher, le 25 mars, au combat de Fère-Champenoise, où elles furent attaquées par les deux grandes armées de Blücher et de Schwarzenberg. Elles perdirent cent pièces de canon, six ou sept mille prisonniers, et environ cinq mille tués et blessés. Les deux corps des généraux Pactod et Amey, forts de 5 mille hommes, furent entre autres complettement anéantis; et ce qui ne succomba pas sur le champ de bataille, se rendit prisonnier.

De bons militaires pensent que ce fut une faute de notre part de soutenir un engagement si disproportionné. Ces deux divisions devaient se replier jusqu'à Paris, en tenant une sage défensive. Si elles y fussent arrivées sans avoir été sensiblement entamées, avec ce qu'elles auraient rallié d'autres troupes, avec celles qui y étaient ou s'y rendaient encore, avec la garde nationale qui se serait sentie soutenue par des forces imposantes et sans doute par la présence de l'Impératrice que ce secours aurait pu déterminer à rester, une plus longue et plus efficace défense de Paris aurait été possible : mais l'heure des destinées avait sonné. Les troupes, surtout les vieilles, se battaient encore avec intrépidité par honneur et par une sorte de désespoir; tandis que les généraux semblaient las de consacrer leurs talens, de verser leur sang pour le soutien d'une mauvaise cause et la défense d'un tyran le plus ingrat, le plus personnel de tous les hommes. Les ressorts de l'Etat tombaient en dissolution; nous ne pouvions plus attendre que d'affreux malheurs : et c'est peut-être le cas de tout oublier, en nous écriant : HEUREUSE FAUTE!

Après la bataille de Fére-Champenoise, les alliés, qui avaient laissé la division de Winzingerode derrière eux pour observer les mouvemens de Napoléon, marchèrent en cinq colonnes sur Paris, harcelant par leurs partis avancés les arrières-gardes du corps mis en déroute dans l'affaire précédente. On voulut bien nous faire part qu'une *colonne égarée* s'avançait vers Meaux. Cependant, le 27, on vit avec terreur partir l'Impératrice et son fils. Des trésors et de nombreux bagages filaient sur les routes de la Loire; les ministres faisaient évacuer leurs bureaux qu'ils allaient bientôt suivre. Joseph Buonaparte nous promit cependant de rester avec nous; mais sa présence ne se manifesta par aucun signe sensible, comme sa disparution n'a laissé aucune trace (1).

---

(1) Le Français trouve à rire un peu de tout ; la proclamation du *Roi Joseph* lui valut cette épigramme prophétique :

<blockquote>
Le grand Roi Joseph, pâle et blême,
Pour nous sauver reste avec nous.
Croyez, s'il ne nous sauve tous,
Qu'il se sauvera bien lui-même.
</blockquote>

Enfin, deux cent mille hommes étaient à nos portes; et, à l'éclat de leurs armes, nous commençâmes à apercevoir la vérité.

Les alliés avaient passé la Marne, le 28 et le 29, à Triport et à Meaux, sans presque trouver de résistance, si ce n'est à Claye, où, le 28 au soir, le marchal Mortier fit occuper la forêt, et repoussa vigoureusement les attaques du général Yorck. Les divisions de Wrede et de Sacken restèrent en position à Meaux, et le 30 au matin, toutes les dispositions étaient faites pour livrer la *bataille de Paris*.

Paris avait pour défenseurs quelques mille hommes de garnison, trente mille hommes de garde nationale armés, mais sur lesquels huit à dix mille au plus possédaient des armes parfaitement en état de service, et les restes des corps repliés devant l'ennemi. Avec ces forces on put mettre de vingt-six à vingt-huit mille hommes en bataille. Ils occupaient sur la droite les hauteurs de Belleville, Ménilmontant et la Butte-Saint-Chaumont, et s'appuyaient à Vincennes. Leur centre était au canal de l'Ourcq avec le mammelon de Montmartre sur le derrière, lequel, s'il eût été convenablement fortifié et suffisamment garni d'artillerie, eût rendu cette position extrêmement respectable. La gauche s'étendait de Montmartre à Neuilly. Nous ne plaçons point parmi nos moyens défensifs les ridicules palissades des barrières, fortifications à peine faites pour tromper le bourgeois le plus crédule, que quelques coups de hache auraient abattues, et qui ne servirent qu'à faire gaspiller beaucoup de bon bois et à faire gagner quelque argent aux ouvriers, si toutefois ils ont été payés (1).

Entre trois et quatre heures du matin, le rappel des tambours tira de leur sommeil les citoyens, dont un grand nombre s'étaient couchés sans prévoir encore ce réveil. La Garde-Nationale, quoique singulièrement irritée du départ de l'Impératrice, et indignée de la lâcheté avec laquelle fuyaient tous les membres du Gouvernement, emportant leurs richesses et osant

---

(1) Un curieux s'approchait un jour de ces fameuses barricades, qui figuraient très-bien avec mille autres forfanteries toutes aussi sensées, sur nos journaux. Un ouvrier le somme brusquement de se retirer. L'observateur lui représente qu'il n'a pas de mauvaises intentions, qu'il ne veut que *voir*. *Ah ! c'est différent*, reprend l'ouvrier en riant, *c'est que je craignais que vous ne vinssiez pour....* satisfaire un petit besoin *là contre; parce que, voyez-vous, vous auriez bien pu renverser mon ouvrage.*

recommander encore aux habitans de se bien battre pour la défense de leurs palais (1); la Garde-Nationale, disons-nous, se rendit à ses postes avec célérité. Une très-grande quantité de citoyens, non encore armés, sur-tout une

---

(1) Tandis que ces Messieurs pourvoyaient à leur sûreté par une retraite plus que prudente, il sortit, le 30 au matin, des *atteliers de l'esprit public*, au ministère de la police, un pamphlet digne en tout de cette manufacture, et qui portait pour titre ou épigraphe: *Nous laisserons-nous piller? nous laisserons-nous brûler?* Il n'en circula que peu d'exemplaires dans Paris: de bons citoyens prirent sur eux d'arrêter la distribution de cette *fusée incendiaire*. Le journal de Paris, du 5 avril, nous a conservé cette pièce curieuse, et qui termine dignement, par son caractère d'impudence et de lâche fureur, la longue série des impostures officielles avec lesquelles on égara si longtemps et si déplorablement l'opinion. En voici le début: « Tandis » que l'Empereur arrive sur les derrières de l'ennemi, » *vingt-cinq à trente mille hommes, conduits par un* » *partisan audacieux, osent menacer nos barrières:* » *en imposeront-ils* à cinq cent mille citoyens qui peu- » vent les exterminer? »

Eh! mon dieu non, monsieur le menteur officiel, qui ne nous parlez pas *bon français*, ce n'étaient pas ces vingt-cinq à trente mille hommes qui nous *en imposaient*, quand ils nous disaient qu'ils étaient deux cent mille, et que leur *chef audacieux* était l'Empereur Alexandre, en personne, et aussi le Roi de Prusse marchant à ses côtés:

multitude d'ouvriers, parmi lesquels les quatre cinquièmes ont servi, se présenta aussi aux postes de réunion, courut jusqu'aux barrières demandant par-tout des armes et n'en trouvant nulle part. On fit attendre notamment un de ces rassemblemens sur la place Vendôme, depuis cinq heures jusques à neuf, et alors seulement on vint offrir des *piques* aux gens de bonne volonté, pour aller au feu. Presque tous se retirèrent en criant à la trahison : on pouvait bien certainement, tout au moins, crier à l'imbécillité. Plusieurs sortirent sans armes dans l'espoir d'en trouver sur le champ de bataille. Enfin, Paris,

---

c'était vous qui nous *en imposiez*, comme à l'ordinaire, pour *alimenter l'esprit public*; c'étaient tous vos agens, tous vos instrumens, qui, durant la journée, firent tous leurs efforts pour nous faire encore trembler de l'approche de Napoléon, comme si nous n'avions pas eu déjà que trop d'ennemis sur les bras.

Le reste de cette petite exhortation offrait un plan pour la défense de Paris. On nous engageait à barricader et dépaver les rues ; à combattre l'ennemi par le fer et le feu ; à sauver *nos palais* (Nos palais !), nos arcs de triomphe et, s'il se pouvait, nos femmes et nos enfans. Et où étaient les conseillers de ces grandes mesures de salut public, les intéressés à la défense *des palais* ? Nous l'avons déjà dit : sur la route d'Orléans.

à qui les troupes ont fait depuis d'amers reproches, se montra tout disposé à se bien défendre; mais tout se passa dans Paris comme si l'on n'avait pas voulu qu'il fût défendu.

Le feu de l'artillerie commença entre cinq et six heures du matin. La canonnade était soutenue sans être très-forte; mais bientôt le feu de l'infanterie roula et s'entretint avec une grande vivacité. Nos plus grandes forces étaient jetées sur la position de Belleville. Ce fut aussi là que se porta la chaleur de l'attaque et la plus opiniâtre résistance. Le prince royal de Wurtemberg, à l'extrême gauche des alliés, avait été dirigé sur Vincennes; le général Rajewski commandait les attaques sur Belleville; les gardes et les réserves étaient placées sur la grande route de Bondi, en face du canal où nous avions partie de notre centre; le maréchal Blücher dut se porter par Saint-Denis sur Montmartre, et observer notre gauche, où il n'y eut que quelques engagemens de tirailleurs.

Nos généraux n'avaient demandé d'autre service aux compagnies de la Garde Nationale qu'on avait tirées hors des barrières, que de se placer en seconde ligne pour présenter à l'ennemi l'apparence de colonnes plus fortes qu'elles ne l'étaient en effet. D'ailleurs la plus grande partie de cette garde fut laissée aux barricades pour repousser les troupes légères de l'ennemi qui auraient pu se glisser entre les masses, et venir insulter les faubourgs.

Il y aurait un amour propre ridicule et trop peu de bonne foi à soutenir que toute cette milice montra par-tout un courage héroïque ; que beaucoup de pères de famille, qui voyaient une bataille pour la première fois, et de si près encore, ne regardèrent pas derrière eux dequel côté se trouvait le chemin de la retraite ; que beaucoup d'autres encore ne préféraient pas une défaite nécessaire et décisive à la funeste gloire de soutenir un Gouvernement dont le chef était devenu si odieusement tyrannique, dont les membres étaient aussi méprisables que méprisés : mais la justice veut aussi qu'on dise à ceux qui persisteraient à accuser les Parisiens (comme s'il n'eût tenu qu'à eux d'empêcher l'événement ; que ni Napoléon, ni ses meilleurs généraux, ni l'élite des troupes françaises, n'avaient pu que retarder) qu'ils fournirent aux principales attaques un très-grand nombre de tirailleurs, qui firent beaucoup de mal à l'ennemi, et qu'enfin la Garde Nationale laissa pour sa part trois cents hommes tués sur le champ de bataille, sans parler d'un assez bon nombre de blessés.

Les positions de Pantin, Belleville, Romainville et de la Butte-Saint-Chaumont, où l'action s'était engagée, avaient été successivement enlevées dans la matinée même. Pantin nous avait été pris à la bayonnette. Le général Rajewski, à qui sa supériorité numérique permettait de mettre beaucoup de monde en mouvement, faisait contourner les hauteurs où nous essayions de nous défendre, et nous forçait ainsi à les abandonner.

Cependant chaque avantage n'était obtenu qu'après une vigoureuse résistance, et notre artillerie, principalement servie par des Polonais, ainsi que par des élèves de l'Ecole polytecnique, qui n'avaient que quelques semaines d'exercice, et montraient par-tout l'enthousiasme du courage, jonchait d'ennemis les approches des positions. L'ennemi était maître des hauteurs vers le milieu de la journée. Il s'y était emparé de quarante-trois canons. Du côté de Vincennes, quelques Cosaques pénétrèrent et s'avancèrent vers le faubourg Saint-Antoine. Ils y prirent deux pièces qu'un demi-escadron de gendarmerie les força d'abandonner. Sur le soir, une colonne fila vers Charenton. Quelques troupes et les élèves de l'Ecole vétérinaire, défendirent le pont avec résolution; et il y eut là 150 jeunes gens de tués : mais les forces supérieures de l'ennemi ne permirent pas de le conserver. On mit le feu aux fougasses préparées pour le faire sauter. La communication des mêches avec le puits se trouva interrompue. L'ennemi passa et se répandit sur la droite de la Seine, vis-à-vis le Port-à-l'Anglais, où il ne trouva pas de moyens pour traverser le fleuve. Il envoya quelques coups de carabines à des gardes nationales en patrouille sur l'autre rive. Les nouvelles de l'armistice vinrent arrêter ces mouvemens.

L'attaque du centre avait été confiée au maréchal Blücher. Les ordres ne lui parvinrent que tard ; il ne se mit en mouvement qu'à onze heures. Il chargea la division Langeron de prendre ou bloquer Saint-Denis, de nous déloger d'Aubervilliers, et d'arriver par Clichy sur Montmartre. Malgré les avantages de la grande armée du côté de Pantin, nous occupions encore à notre centre la ferme de Rouvroy en avant du canal. Cette position était fortifiée par dix-huit pièces en batteries. L'ennemi fit reculer notre infanterie du Rouvroy ; mais l'artillerie le contint jusqu'à ce qu'il eut fait approcher la sienne : ce qui n'eut lieu qu'à trois heures.

Nous opposions aussi avec succès à la Villette notre artillerie à une attaque des réserves des grenadiers et des gardes de la grande armée, soutenus par six bataillons et la présence du prince Guillaume de Prusse. Mais les corps d'Yorck et de Kleist étant venus prendre part à l'affaire, et enfilant nos batteries, nous nous concentrâmes à la Villette, d'où nous essayâmes une charge de cavalerie, soutenue par de l'artillerie et de l'infanterie. La cavalerie des alliés, qui s'était formée au Rouvroy, vint nous charger et pénétra dans la Villette. Quatre bataillons de la réserve de Woronsoff y entrèrent en même-temps au pas de charge. Nous fûmes chassés et perdîmes notre artillerie. En général notre cavalerie fut peu employée dans cette affaire. L'ennemi n'avait plus d'obstacles jusqu'aux barrières ; et il y marchait, lorsque des parlementaires, envoyés par le Corps munipal, annoncèrent à ses avant-postes que la ville demandait à capituler. La générosité des Souverains, qui s'étaient alors approchés en personne des barrières, n'attendait que ce signal pour arrêter l'effusion du sang, et permettre enfin à l'humanité de respirer. Il y eut une suspension d'armes pour signer les articles de la capitulation. Cependant les corps d'Yorck et de Kleist s'étaient tournés contre la Chapelle, qu'ils emportaient avant d'avoir pu être instruits de l'armistice. M. de

Langeron, qui attaquait Montmartre sur un point plus éloigné, ne l'apprit non plus qu'après que son infanterie, plusieurs fois repoussée, eut enfin escaladé les hauteurs au pas de charge. Elle en culbuta quelques compagnies de ligne, soutenues de gardes nationales, et prit vingt-deux canons. On ne tira que deux ou trois coups de canons du côté de Neuilly.

La capitulation suivante mit fin à toute hostilité, et l'on put dire que LA CAMPAGNE DE 1814 ÉTAIT TERMINÉE.

CAPITULATION

DE LA VILLE DE PARIS.

L'armistice de quatre heures, dont on est convenu pour traiter des conditions de l'occupation de la ville de Paris, et de la retraite des corps français qui s'y trouvaient, ayant conduit à un arrangement à cet égard, les soussignés dûment autorisés par les commandans respectifs des forces opposées, ont arrêté et signé les articles suivans:

Art. Ier. Les corps des maréchaux ducs de Trévise et de Raguse évacueront la ville de Paris le 31 (19) mars, à sept heures du matin.

II. Ils emmèneront avec eux l'attirail de leurs corps d'armée.

III. Les hostilités ne pourront recommencer que deux heures après l'évacuation de la ville, c'est-à-dire le 31 (19) mars, à neuf heures du matin.

IV. Tous les arsenaux, ateliers, établissemens et magasins militaires seront laissés dans le même état où ils se trouvaient avant qu'il fût question de la présente capitulation.

V. La Garde nationale ou urbaine est totalement séparée des troupes de ligne ; elle sera conservée, désarmée ou licenciée, selon les dispositions des puissances alliées.

VI. Le corps de la gendarmerie municipale partagera entièrement le sort de la Garde Nationale.

VII. Les blessés et maraudeurs, restés après sept heures à Paris, seront prisonniers de guerre.

VIII. La ville de Paris est recommandée à la générosité des hautes-puissances alliées.

Fait à Paris le 31 (19) mars 1814, à deux heures du matin.

Signé le colonel *Orloff*, aide-de-camp de S. M. l'Empereur de toutes les Russies;

Le colonel comte *Paar,* aide-de-camp général de S. A. le maréchal prince de Schwarzenberg;

Le colonel baron *Fabrier*, attaché à l'état-major de S. Exc. le maréchal duc de Raguse ;

Le colonel *Denys*, premier aide-de-camp de S. Exc. le maréchal duc de Raguse.

La journée du 30 mars coûta, selon les bulletins et papiers publics étrangers, environ trois mille hommes aux Français, et de sept à huit mille aux alliés. Ce premier apperçu approchait de la vérité : mais des recherches ultérieures permettent de croire que la perte seule des ennemis a été de 12,000 hommes.

Cette perte au reste, fut, à raison de leur nombre proportionnellement moindre que la nôtre ; elle eut été bien plus considérable si le *désordre* n'eut pas présidé aux préparatifs de défense. Ce *désordre*, dont le résultat définitif fut de nous sauver et de nous donner un gouvernement *national*, et dont les causes peuvent faire naître diverses conjectures, fut tel que là les munitions manquaient, là les boulets n'étaient pas de calibre : des Gardes Nationales trouvèrent de la cendre dans leurs cartouches. On s'en plaignit sur l'heure ; bientôt l'humanité s'en réjouit. En effet, dès que la nouvelle de la capitulation, de ce commencement de paix, fut connue dans Paris, elle y répandit le calme et l'espérance d'un meilleur avenir. Ce ne fut pas, au reste, il faut en convenir, la faute des agens de la police, si la tranquillité ne fut pas troublée. Cette écume des sociétés, avec laquelle Napoléon crut gouverner la France, le servit jusqu'au dernier moment avec un zèle qui aurait été de la fidélité, si l'on pouvait donner ce nom aux services de vils esclaves.

Pendant le combat, *ils firent encore des Bulletins*. Pour soutenir et animer les courages, pour monter et égarer les têtes, *des témoins oculaires* parcouraient tous les quartiers, annonçant tantôt que l'ennemi était repoussé d'une lieue et demie, tantôt que le roi de Prusse avait été coupé avec une colonne de dix mille hommes, et entrait prisonnier dans Paris, tantôt enfin que Napoléon arrivait, et allait attaquer avec 80,000 hommes. Il n'était pas très-sûr de se montrer incrédule à ces trop belles nouvelles; et le bon sens, toujours un peu *raisonneur*, se voyait aussitôt accusé d'*incivisme*. Mais au moment même où elles se débitaient avec le plus d'ardeur, on voyait aussi des grands dignitaires ou leurs femmes, des *Excellences*, des *Altesses*, des *Majestés*, tristes exemples de la fragilité des grandeurs, continuer leur retraite; et leur abattement empoisonnait, étouffait la joie qu'on aurait voulu avoir de ces annonces de victoires.

Le soir, et au moment même de la conclusion de la capitulation, des personnes dignes de foi reconnurent des gens attachés à un chef marquant de l'ancienne police, portant en toute hâte d'énormes sacs d'argent, et se dirigeant du quartier Notre-Dame vers les quartiers de delà la Seine. Ces personnes, dans l'agitation qui régnait encore, ne tirèrent aucune induction de cette circonstance ; on ne peut pas même affirmer à présent qu'il en faille tirer quelqu'une. Au reste, ce qui est certain, c'est que le lendemain matin, lors de l'entrée des alliés, il y eut des provocations à la résistance. Des gens à cheval couraient dans le quartier du Louvre, criant de fermer les boutiques, de barricader les maisons, de chasser l'ennemi, et que Napoléon allait attaquer par le dehors. Les premiers cosaques qui parurent furent assaillis, vers la Grève, de cris forcenés de : VIVE L'EMPEREUR, accompagnés de gestes menaçans. L'inquiétude les gagnait, et ils allaient se mettre en défense quand la Garde Nationale, qui se portait partout avec activité, appaisa ces tumultes et dispersa leurs malveillans ou leurs insensés excitateurs.

Quelques personnes ont pu lui reprocher de n'avoir pas assez efficacement concouru la veille à faire verser beaucoup de sang; elle empêcha qu'il ne coulât à bien plus grands flots le lendemain. Ce service ne répare-t-il pas assez son premier *tort*? et n'est-il pas probable que la postérité la louera de l'un et de l'autre?

Grâces à ces soins, l'entrée des Souverains alliés et de leurs troupes non-seulement fut paisible, mais même elle prit bientôt un caractère de fête : c'était la fête de l'Europe, dont presque toutes les nations y avaient des représentans.

Pressés par la rapidité de notre narration, nous n'entreprendrons point de reproduire ce grand spectacle, encore présent d'ailleurs à tous les esprits comme à tous les cœurs. Qui a oublié avec quelle générosité des Monarques, trop long-temps menacés par nos armes, ne s'en vengeaient qu'en nous offrant la paix, un Gouvernement et tous les biens qui en peuvent naître? Qui a oublié avec quelle admiration empressée nous contemplions, nous abordions des Rois qui étaient *hommes*, et qui nous invitaient à les approcher? Tout Paris en un instant sut en gros que, pour la première fois depuis long-temps, le char de la victoire ne laisserait tomber que des bienfaits, que la ville serait exempte de logemens militaires et autres charges de guerre. Bientôt la bonne intelligence fut entière de part et d'autre. Ennemis la veille, par notre confiance réciproque, nous étions déjà d'anciens alliés : c'était une famille qu'un méchant avait brouillée, et que l'expulsion du méchant réunissait.

Tandis que tous les cœurs, par l'explosion de sentimens dont nous étions désaccoutumés, payaient la dette de la reconnaissance, la politique applaudissait à la pensée noble, élevée, qui terminait les maux de l'Europe en admettant toutes les grandes familles européennes à une part également honorable d'avantages et de bonheur. Elle revoyait les *alliés au camp des Dauniens*, dociles aux conseils de Minerve, désarmant par leur justice l'ennemi dont la force n'eût pas achevé ni assuré l'asservissement, faisant oublier l'impie Adraste par un roi humain et éprouvé à l'école du malheur ; et le beau rêve de Fénélon devenait une page de l'histoire. Tant il est vrai que le véritable intérêt des hommes et des princes s'allie toujours avec la justice, et que si des cendres de Moscow il était sorti de terribles vengeurs, qui sait ce qu'auraient produit celles de Paris ! Combien aurait été abrégée la campagne de 1814 ! Combien de sang eût été épargné, si tous les Français eussent pu être convaincus d'avance de ces généreuses intentions, s'ils eussent pu ne jamais voir dans leurs ennemis autre chose que des libérateurs ?

Mais quittons ce magnifique tableau, digne des regards de la postérité, et réservé sans doute à d'autres pinceaux ; et suivons encore quelques instans Napoléon jusqu'aux derniers momens de sa vie politique.

Les troupes françaises, forcées le 30 mars dans leurs positions en avant de Paris, commencèrent dans la soirée, et par suite des conventions conclues à cet égard, leur mouvement d'évacuation et de retraite. Une grande partie prit la direction de la barrière d'Enfer et routes environnantes. Elles étaient tristes, sans être découragées : mais, officiers et soldats, tous très-mal informés de la situation intérieure de Paris, témoignaient hautement aux gardes des barrières, des dispositions très-peu fraternelles à l'égard des habitans. Ils ne leur dissimulaient pas qu'ils partaient avec le désir et l'espoir de la vengeance. Ils s'en allaient toujours furieux de ce qu'on n'avait pas pris les armes pour les secourir ; et il était difficile de leur faire entendre que nous n'avions point eu d'armes à prendre. L'Ecole militaire évacua à minuit, et suivit la même route. On a dit que Napoléon avait envoyé l'ordre de mettre le feu aux poudres des magasins de Grenelle, afin de détruire Paris. Nous le répétons, il ne faut pas le ca-

lomnier, et il paraît que les ordres qui purent être donnés relativement aux poudres, n'avaient d'autre but que de priver l'ennemi de ces munitions, sans calcul intentionnel des résultats possibles de leur destruction.

Cependant cet Empereur, enfant de la victoire, et que la victoire détruisait, s'était avancé jusqu'auprès de Paris, au moment même où ses troupes en sortaient. Il apprit vers Villejuif ce qui s'était passé. Sa colère fut extrême. Il connaissait déjà le départ de l'Impératrice, qui avait paru le contrarier infiniment. Enfin, voyant qu'il n'avait plus rien à attendre de ce côté, il retourna sur ses pas afin de rallier l'armée qui le suivait, et tous les corps qu'il pourrait rassembler. Trompé, comme nous l'avons vu plus haut, lors de sa marche vers Vitry, sur les mouvemens des alliés et sur leurs conséquences ultérieures, amusé par le corps aux ordres du comte de Winzingerode qui le harcelait avec quinze mille hommes de cavalerie, il s'était convaincu trop tard que Paris allait être attaqué par des forces irrésistibles; et laissant en arrière son armée avec laquelle, le 27 mars, il avait encore perdu un temps précieux dans un engagement assez vif, auprès de St.-Dizier, il accourait de sa personne pour présider à la défense de sa capitale. Ainsi, une différence de quelques heures en aurait infailliblement causé la destruction.

Les alliés, qui l'avaient déjà prévenu par leur attaque, songeaient à le prévenir dans la revanche qu'il pourrait en vouloir prendre. Ils conservaient et armaient les hauteurs dont ils s'étaient emparés; ils se préparaient à se porter sur la route de Fontainebleau. Napoléon y trouvait à Corbeil environ quinze mille hommes de la division Mortier, et, en les passant en revue, leur offrait, pour récompense de la reprise de Paris, quatre heures de pillage. Dans le même temps, l'armée de Champagne et toutes les troupes à qui on avait pu donner des ordres, faisaient leur jonction à Fontainebleau. Il est certain qu'en quelques jours il s'y trouva encore à la tête de cent dix mille hommes.

Pendant ce temps, Paris était rendu enfin à la liberté de parler et de penser; ses murs étaient couverts de la déclaration solennelle par laquelle l'Empereur Alexandre reconnaissait aux Français, au nom des alliés, le droit de se donner un gouvernement, et s'engageait en même temps à ne *jamais traiter avec Napoléon ni avec sa famille.* Les vœux pour le rappel des Bourbons, qui s'étaient manifestés dès le 31 mars (1), prenaient de moment en moment plus d'extension et d'énergie. On faisait connaître au peuple les sentimens paternels, les intentions libérales des augustes membres de cette famille pour le rétablissement de la paix intérieure, sous l'abri d'un trône appuyé sur la clémence et les lois. Le Sénat dont les membres, en très-grande majorité, n'avaient point quitté Paris, prononça, le 2 avril, la déchéance de Napoléon Buonaparte, et le 6 avril, le rappel au trône, au nom de la nation française, de la dynastie des Bourbons. Ces deux actes, aux yeux des esprits réfléchis, justifièrent ce corps jusqu'ici trop silencieux, et d'ailleurs opprimé comme tout l'État, d'une partie au moins des reproches qu'il avait pu encourir. Ces actes don-

---

(1) Durant le combat du 30, on essaya d'éveiller l'opinion, et d'engager les citoyens à se déclarer contre Napoléon, et pour les Bourbons. Une personne qui distribuait des proclamations, dans ce but, fut arrêtée par des patrouilles, dans le faubourg Saint-Germain, mais parvint aisément à s'échapper. On ne savait encore dans Paris, guère autre chose sinon qu'on se battait : et comme on ignorait la force réelle de l'ennemi, la multitude attendait l'événement. Beaucoup de monde sans doute était dès-lors prêt à recevoir les Bourbons d'enthousiasme ; mais il y en avait trop aussi qui avaient besoin de réflexion pour que cet enthousiasme, au moment prématuré où l'on voulut l'exciter, devînt communicatif.

nèrent à l'opinion publique qui ne se prononçait, pour ainsi dire, que tumultuairement et sans moyens d'établir son universalité, les formes et la force d'un vœu vraiment national. Ils élevèrent à côté du fantôme du *généralat* encore permanent de Napoléon, une autorité légale et régulière, à laquelle tous les bons citoyens purent se rallier. Ils rompirent le prestige dangereux des liens qui lui attachaient encore l'armée. En un mot, les événemens antérieurs, quelles qu'en fussent les causes, avaient renversé l'Empereur ; la conduite du Sénat, sa séparation d'avec Napoléon, empêcha un chef de rebellion de se montrer, et préserva la France de la guerre civile.

On se hâta de faire parvenir à Fontainebleau l'acte de la déchéance. Buonaparte haranguait ses troupes; il les disposait à marcher et leur montrait pour but, Paris et quarante-huit heures de pillage. Déplorable effet du despotisme militaire! Il trouva des Français qui répondaient à ses fureurs; les cris de *Paris! Paris!* partaient déjà des rangs. Un mot du maréchal Ney arrête tout ce mouvement : *Vous n'êtes plus empereur, vous ne pouvez plus commander à ces braves; ils ne peuvent plus vous obéir. Voici l'acte de votre déchéance.*

Napoléon, foudroyé, rentra dans son palais. Ses maréchaux lui font connaître que tout est enfin perdu, qu'ils cèdent à la volonté de la nation, et ne s'armeront pas contre leur patrie. Il n'essaie pas d'appeler de cet arrêt à la force qui fut toujours sa loi : il paraît résigné à son sort. Mais en cessant d'obéir à l'*empereur*, les guerriers qu'il a si long-temps sacrifiés à sa seule grandeur, continuent de servir leur *ancien compagnon d'armes*, et s'honorent par les soins qu'ils prennent de ses intérêts.

Le maréchal Marmont, en traitant de la soumission du sixième corps au nouveau Gouvernement, qui lui offre le caractère d'une autorité nationale, stipule avec les alliés, par une convention des 3 et 4 avril, que si les événemens ultérieurs de la guerre leur livrent la personne de Napoléon, sa vie et sa liberté dans un lieu convenable lui seront dès-lors garanties. Les maréchaux Ney et Macdonald font plus encore : ils se chargent, avec le duc de Vicence, de traiter auprès de l'empereur Alexandre du sort de la dynastie de Napoléon; ils négocient avec chaleur ; ils espèrent un instant le succès ; et ce n'est que quand les plus hautes considérations ont rendu ce succès impossible, qu'ils se trouvent libres de donner une adhésion complète aux nouvelles lois qui vont régir la France, et déclarent que *pour éviter à la chère patrie les maux d'une guerre civile, il ne reste plus aux Français qu'à embrasser entièrement la cause de leurs anciens rois.* (Lettre du maréchal Ney du 5 avril.) Ces dernières circonstances furent bientôt suivies de l'abdication de Napoléon, et de l'acceptation de l'île d'Elbe pour séjour et possession à titre de souveraineté.

La guerre fut dès-lors complètement finie ; mais le système de mensonges et d'erreurs par lequel le gouvernement détruit avait subsisté jusqu'alors, en prolongea encore quelques instans les horreurs.

Il était parti du ministère de l'intérieur, deux ou trois jours avant la *grande journée*, des ordres précis pour toutes les autorités, de cacher, d'atténuer les *mauvaises nouvelles*, de n'en publier que de *bonnes*, et de travailler avec ardeur à armer la France pour l'Empereur.

Bientôt ces *bonnes nouvelles* se trouvèrent être les mauvaises ; mais cette odieuse politique n'en empêcha pas moins, pendant quelques jours, la vérité de pénétrer dans les départemens. L'ignorance des événemens donna lieu entre autres, au sanglant combat que le maréchal Soult soutint avec beaucoup de perte contre lord Wellington, auprès de Toulouse : et cette tache de sang souillera éternellement, dans la mémoire de nos neveux, les vils ministres de la tyrannie.

Telles sont les principales circonstances, tel est le résultat de l'invasion de la France ; et les ennemis peuvent aussi placer dans leurs annales leur CAMPAGNE DE TROIS MOIS. On ne peut guère y compter que deux grandes batailles rangées, celle de la Rothière et de Laon ; mais les combats partiels y furent très-multipliés ; il faut placer parmi les plus importans, ceux de Montmirail, de Vauchamp, de Montereau, de Craonne, de Fère-Champenoise et de Paris. On présume que nous y avons perdu, dans les villes ou sur les champs de bataille, mille ou douze cents pièces de canons ; qu'elle a coûté au définitif, aux alliés, plus de cent mille hommes, et aux Français presque autant.

Cependant si, après la prise de Paris, Napoléon eût pu réunir l'armée d'Italie, celle d'Espagne et du Midi, les garnisons d'Allemagne et de Hollande, et tout ce qu'il avait enfermé inutilement dans des places fortes, il aurait eu encore près de 600,000 hommes disponibles ; mais les alliés en avaient plus de 1,200,000 à lui opposer (1).

---

(1) Voici, d'après un journal allemand, l'état des forces

La campagne de 1814 a fait plus que renverser son empire, elle a détruit le *grand homme*, et fait évanouir le prestige de sa réputation.

On admet communément pour les nations une sorte de tempérament moral, dont les qualités constitutives se prononcent, se modifient, se nuancent et peuvent même s'altérer plus ou moins chez les divers individus. Celui que les anciens ont attribué aux habitans de la Corse, offrait peut-être quelque exagération, et la couleur de ces préventions héréditaires qui divisent les peuples, plus encore que les particuliers, et qui se transmettent de génération en génération.

---

que la coalition avait mises en campagne pour l'invasion de la France : armées autrichienne, en France et en Italie, 250,000 hommes; armée russe 250,000 hommes; armée prussienne 200,000 hommes; armées des divers états d'Allemagne réunies 190,000 hommes; armée Suédoise 30,000 hommes; armée hollandaise 30,000 hommes; armées anglaise, d'Espagne et de Hollande 60,000 hommes; armées espagnole et portugaise 80,000 hommes; armée napolitaine 30,000 hommes; armée danoise 10,000 hommes : total 1,230,000 hommes. Il peut y avoir de l'exagération dans quelques-uns de ces nombres, mais il faut remarquer qu'on n'y comprend point les *Landsturns*, qui en cas de besoin auraient marché.

Quoi qu'il en soit, voici en deux vers latins, le portrait que les Romains s'étaient fait des Corses: on le prendrait plutôt aujourd'hui pour un portrait particulier, et chacun en nommerait de suite le modèle.

> Prima est ulcisci lex; altera vivere rapto;
> Tertia mentiri; quarta negare Deos.

On a essayé de les rendre ainsi qu'il suit, en français:

> La vengeance, et la fourbe, et le droit de la force,
> Et le mépris des Dieux, voila les lois du Corse.

A quelque époque de sa vie publique que l'on prenne Buonaparte, on le verra toujours obéir fidèlement à quelqu'une de ces lois.

En Italie, il témoignait une considération hypocrite pour le Pape, au moment où il envoyait ses troupes asservir Rome au nom de la liberté; en Egypte, il se faisait un mérite auprès des Musulmans d'avoir détruit les chevaliers de Malte, et renversé le Saint-Siège et les Croix: il voulait qu'on le crût envoyé de Dieu pour être l'appui du mahométisme. En France, il releva les autels, il rappela les ministres de la religion, mais dans l'espoir et à la condition tacite qu'ils seraient avant tout ses propres ministres, qu'ils feraient de la religion son instrument : on le vit, dans le nouveau Catéchisme, transformer en dogmes religieux les questions politiques de la légitimité de sa puissance.

Charlatan effronté, il avait fini par se faire un jeu de la fourberie : il eut dès son début assez peu de justesse dans l'esprit pour se persuader que le mensonge et l'imposture pouvaient produire des résultats réels et durables. Il en fit ses moyens habituels de succès. Ce fut sur ces faux et vils appuis qu'il éleva le colosse de sa grandeur, et il ne sentit pas qu'il en plaçait la base dans la boue. Il préluda par l'usurpation de la renommée à l'usurpation de la puissance ; il s'environna d'une opinion factice de talens et de supériorité, au moyen de laquelle il devint *l'homme unique* dans l'Etat. Les journaux furent ses complices longtemps avant d'être ses esclaves.

Ses brigandages, ses violences, ont trop désolé l'Europe, pour qu'il soit besoin d'en reproduire le tableau ; et quant à sa passion pour la vengeance, quoiqu'il ait donné quelquefois des représentations publiques d'actes de clémence, que l'intérêt lui dictait, que les circonstances lui arrachaient, il est probable qu'il n'a jamais pardonné une injure du fond du cœur. Sa haine implacable était d'ailleurs adroite et dissimulée.

En voici un trait qui le peindra tout entier : Des officiers, depuis qu'il s'était emparé de l'autorité, au 18 brumaire, avaient témoigné hautement leur mécontentement de cette révolution. Les idées de républicanisme avaient encore beaucoup de force : on s'indignait de voir l'ouvrage de dix ans renversé en un jour par un étranger : on conspirait, ou du moins on parlait beaucoup de conspiration. Ces militaires avaient été signalés pour la violence de leurs propos, l'éclat de leurs menaces ; on prétendit même qu'ils avaient formé le projet de se rendre aux Tuileries, d'y entourer Buonaparte et de le tuer. Ils furent exilés ou mis en surveillance. L'expédition de Saint-Domingue eut lieu ; expédition insensée si elle ne fut atroce, et le résultat d'un projet de se débarrasser de ce qu'il y avait dans l'armée de moins dévoué au nouveau Gouvernement. Les conspirateurs sont appelés au Tuileries : on leur donne de l'avancement, avec l'ordre de partir pour l'armée d'expédition. C'est en les rendant utiles à l'Etat et à eux-mêmes, qu'on leur assure les moyens d'*expier leurs torts*. En sortant de l'audience on les entendit (tant notre loyauté repousse de notre esprit jusqu'à l'idée de la trahison) vanter la magnanimité avec laquelle le premier Consul leur avait offert l'oubli du passé, et s'accuser d'avoir trop écouté contre lui des préventions irréfléchies. Ils partirent pressant contre leur cœur la main qui les assassinait, et coururent avec transport subir l'arrêt secret de sa haine, dans des dangers brillans mais inévitables, et où ils succombèrent tous. Ce ne fut pas, au reste, la seule fois que la gloire fut chargée de conduire à leur sort les victimes de Buonaparte; et tant de personnes qui pouvaient gêner son ambition ont disparu si à propos, qu'on peut dire que la mort avait des yeux pour lui. Et comment se serait-il refusé le sacrifice de quelques hommes, lui qui professait le mépris le plus absolu pour l'humanité, qui s'était fait l'*unité absolue*, le *chiffre positif* de ses calculs prétendus politiques, et plaçait après lui, pour augmenter sa valeur, des millions d'hommes comme des millions de zéros ? lui qui ne voyait dans les peuples que des *quantités à dépenser !*

Cet égoïsme monstrueux, ce délire d'amour-propre qui lui faisait un besoin de tout rapporter à lui, combiné avec le mépris systématique des hommes que nous venons de remarquer, ne pouvait que développer le germe d'une cruauté qui aurait fait de Buonaparte un autre Néron, si les circonstances ne l'eussent jeté dans le rôle d'Attila : Toutes ses passions y trouvèrent leur compte. Néron, il n'aurait tué qu'en détail ; et chaque individu, directement menacé, serait devenu son ennemi personnel ; il eût bientôt succombé aux haines particulières : Attila, il put impunément massacrer en masse ; ses victimes s'immolaient avec joie au service de l'Etat et du prince. La faulx de la mort se cachait sous les lauriers ; et les chants de la victoire étouffaient le murmure de la haine publique.

Sa cruauté, qu'on voudrait en vain nier, est écrite partout dans ses bulletins, dans ses combats, dans ses propos, dans l'administration de ses hôpitaux.

Les journaux ont cité derniérement une lettre curieuse de Buonaparte *le sans-culotte*. Il y détaille, avec la joie du tygre qui dévore sa proie, la manière dont la mitraille et la bayonnette, le feu et le fer, ont détruit les ennemis de la république. Ses récits de batailles semblent toujours écrits avec du sang. L'expression propre et énergique, qui peint le mieux la destruction, ne lui échappe jamais ; les circonstances les plus épouvantables sont toujours sur le devant du tableau. Ainsi, on peut se rappeler, à la bataille d'Austerlitz, *ce corps tout entier* engagé sur des étangs glacés ; l'artillerie qui rompt la glace à coups redoublés ; les cris affreux de cette masse d'hommes qui s'engloutit, disparaît et sur laquelle a passé le silence de la mort. Ainsi, plus récemment dans les bulletins des affaires de Champ-Aubert et de Montmirail, il ne se lasse point de répéter que *l'armée russe est détruite*, *l'armée prussienne anéantie;* que tout ce qui n'a pas été pris a été *jeté* dans un étang ou *tué* sur le champ de bataille. Qu'on lise les bulletins des alliés, et on y sentira mieux, par le soin avec lequel ils ménagent la peinture des désastres de la guerre, tout ce qu'a de barbare dans ceux de Buonaparte, le détail des images et le choix de l'expression. Ses mots, ses figures jusqu'à ses plaisanteries, ont un sel de cruauté. C'est un fait certain qu'il appelait les conscrits les moins exercés, *de la chair à canon*. A Dresde, il réclamait un jour du comte de Meerfeld plus d'égards qu'on n'en avait témoigné au général Vandamme, tombé entre les mains de l'ennemi. « Je sais bien, ajouta-t-il, que si » j'en avais deux pareils, *je serais obligé d'en* » *tuer un ;* mais ce n'est pas une raison de le » traiter plus mal que les autres (1). »

Ce serait un tableau à faire reculer, que ce-

---

(1) Si l'on faisait jamais un Napoléana; et qu'aux mots qu'il a dits on ajoutât ceux qu'il a fait dire, le recueil serait piquant; nous demanderions place pour celui-ci: lors-

lui de ses hôpitaux ; on vient d'en publier une esquisse sous le titre de *Sépulcres de la grande Armée;* mais nous craignons de fatiguer l'ame des lecteurs par ces peintures hideuses. Nous finirons par deux traits. En Egypte, il empoisonna ses malades et fit mitrailler ses prisonniers. Derniérement, en Allemagne, il a abandonné ses blessés à la merci de l'étranger, et à Château-Thiéry, il a fait jeter à l'eau ceux de l'ennemi pour s'en débarrasser.

Il se présente ici une observation ; et l'on demandera sans doute comment la France a souffert si long-temps un joug si indigne, un maître si peu fait pour la gouverner. Il faudrait peut-être, pour traiter cette question d'une manière suffisante, plus d'espace que ne nous en laissent les bornes que nous nous sommes prescrites. Contentons-nous d'indiquer quelques considérations générales. Au 18 brumaire, Buonaparte, appelé pour l'exécution d'un plan qui n'était pas le sien, trompa tous les partis ; et en s'emparant des enjeux, ne laissa aux principales dupes que

---

qu'au bas du bulletin de Moscow, on eut lu cette réflexion insolente : que l'Empereur ne s'était jamais mieux porté. — Beau miracle ! s'écria-t-on : il a toujours été enveloppé de sa peau de *tigre*.

le choix de le renverser ou de se soumettre. Le renverser, c'était rallumer plus violemment les fermens de discordes qu'on avait voulu étouffer; c'était mettre aux prises toutes les passions: on préféra de se soumettre et d'attendre les événemens. Contenant tous les partis par la crainte qu'ils avaient les uns des autres; débarrassé par les chances de la guerre d'une foule de rivaux, secondé par cette lassitude qui, trop souvent à la fin des révolutions manquées, jette les peuples dans les bras du premier démagogue qui se présente, Napoléon dut se maintenir plus longtemps qu'un autre à la place où il s'était élevé par trois moyens sortant du fond même de son caractère, et qu'il mit en usage avec un véritable *talent :* ce furent l'hypocrisie, la force et la corruption.

Sa profonde duplicité lui servit à en imposer longuement à notre franchise. L'art perfide avec lequel il exalta l'esprit militaire chez un peuple passionné pour la gloire et l'éclat, mit la nation dans l'armée, et fit de l'armée le corps de la nation. Encore quelques années, et nous reculions jusqu'à la féodalité.

Enfin, par la corruption, surtout par sa prédilection pour la jeunesse irréfléchie, présomptueuse et susceptible d'être égarée par les illusions de l'imagination, il écarta d'autour de lui les contradictions et les conseils (1). Il régna sans obstacles, mais aussi sans appui. Il pesait sur nous; nous nous sommes retirés, et il est tombé.

Napoléon est un homme qui, en administration comme en guerre, ne sut jamais ni où, ni comment s'arrêter. Il outra tout, et n'atteignit rien. Singe de Catilina, il ne voulut que des choses démesurées, extraordinaires, au-dessus de ses moyens (2).

Des tours de force étaient pour lui des coups de génie. Pareil à un funambule, qui ne veut qu'étonner la multitude, il s'était condamné à escalader un obélisque; parvenu au sommet de l'aiguille, et n'y trouvant pas de point d'appui, il s'en est détaché comme une pierre, et s'est brisé dans sa chûte.

---

(1) S'il s'agissait d'employer quelqu'un qu'il ne connût pas encore, il en demandait l'âge; et si le postulant passait quarante ans, son arrêt était porté en un mot: et ce mot était *ganache*.

(2) Vastus animus immoderata, incredibilia, nimis alta semper cupiebat. *Sallust. Conjur. Catilin.*

FIN.

www.ingramcontent.com/pod-product-compliance
Lightning Source LLC
Chambersburg PA
CBHW070510100426
42743CB00010B/1802